CARL AUER
LebensLust

In Liebe
für Justin und Julia

Bea Engelmann

Reiseziel Glück

Machen Sie sich auf den Weg!

2010

Lektorat: Dr. Nicola Offermanns, Bad Nauheim
Umschlaggestaltung: Uwe Goebel
Satz: Verlagsservice Hegele, Heiligkreuzsteinach
Printed in Germany
Druck und Bindung: Freiburger Graphische Betriebe, www.fgb.de

Erste Auflage, 2010
ISBN 978-3-89670-749-9
© 2010 Carl-Auer-Systeme Verlag
und Verlagsbuchhandlung GmbH, Heidelberg
Alle Rechte vorbehalten

Bibliografische Information der Deutschen Nationalbibliothek:
Die Deutsche Nationalbibliothek verzeichnet diese Publikation
in der Deutschen Nationalbibliografie; detaillierte bibliografische
Daten sind im Internet über http://dnb.ddb.de abrufbar.

Informationen zu unserem gesamten Programm, unseren Autoren
und zum Verlag finden Sie unter: www.carl-auer.de.

Wenn Sie Interesse an unseren monatlichen Nachrichten
aus der Häusserstraße haben, können Sie unter
http://www.carl-auer.de/newsletter den Newsletter abonnieren.

Carl-Auer Verlag
Häusserstr. 14
69115 Heidelberg
Tel. 0 62 21-64 38 0
Fax 0 62 21-64 38 22
info@carl-auer.de

Inhalt

Dank _____ 8

Herzlich willkommen! _____ 9

Anleitung für Ihren Reiseführer _____ 12

Teil I: Die Reisevorbereitung

Warum Glück? _____ 18

Das Leben ist ein Geschenk _____ 20

Eine kostbare Ressource _____ 28

Gute Gefühle sind kein Schicksal _____ 33

»Selbst-bewusste« Menschen leben glücklicher _____ 43

Glückliche Menschen sind gesünder _____ 46

Glück ist lernbar _____ 55

Was ist Glück? _____ 60

Glück hat viele Facetten _____ 60

Glück haben und Glücklichsein _____ 62

Von Glücksmomenten und nachhaltigem Wohlbefinden _ 66

Gestalten, nicht warten! – Wo entsteht Glück? _____ 74

Drehbuch fürs eigene Leben _____ 80

Die Formel für Glück _____ 85

Teil II: Die Reise zum Glück

Standortbestimmung – »Selbst-Bewusstsein« _____ 93

Wer bin ich? _____ 94

Was sind meine Stärken? _____ 106

Wie geht es mir hier? _____ 114

Positives Selbst-Konzept _____ 115
Ich möchte mir selbst der beste Freund sein! _____ 121

Verlockende Zukunft _____ **123**
Was macht mich glücklich-glücklich? _____ 124
Wovon träume ich? _____ 127
Wo möchte ich hin? _____ 133
Angenommen, ich wäre schon da … _____ 138

Blick in die Vergangenheit – Der Rucksack-Check _____ **142**
Was habe ich in meinem Rucksack? _____ 143
Zwei Arten von Souvenirs _____ 143
Was möchte ich mitnehmen? _____ 144
Wovon möchte ich mich trennen? _____ 145
Wie kann ich loslassen? _____ 147
Abschiedsfeier _____ 149
Wofür bin ich dankbar? _____ 151

Koffer packen – Der Ressourcen-Check _____ **153**
Fertig für die Reise? _____ 153
»Wert-voll« reisen _____ 153
Was ist schon da? _____ 154
Was benötige ich noch? _____ 156
Wie kann ich das erreichen? _____ 158

Reiseproviant – Verpflegung für die Seele _____ **159**
Glücksimpulse _____ 159
Lächeln am Morgen _____ 162
Das Gute sehen _____ 163
Ich darf das! _____ 166
Ich bin gerne ich _____ 170
Ich mach mein Herz weit … _____ 171
Der Schlüssel zu meinem Glück bin ich … _____ 173

Von Wegbegleitern und Mitreisenden _____ **175**
Leben mit den anderen _____ 175
Wegbegleiter: Wer ist ein »bedeutsames Du«? _____ 178
Mitreisende: Wer ist an meiner Seite? _____ 180
Weggabelungen und Kreuzungen _____ 181
Wertschätzung in Beziehungen _____ 186
Anders sein – warum es guttut, nicht mehr zu werten _____ 191

Hindernisse und Stolpersteine _____ **193**
Hindernis oder Herausforderung – Sie haben die Wahl! __ 193
Wer legt eigentlich die Stolpersteine? _____ 195
96 %: Absage an den Perfektionismus _____ 198
Ermutigen Sie sich und andere! _____ 201

Reiseapotheke _____ **204**
Rückfallprävention _____ 204

Teil III: Das Ziel der Reise
Glücks-Bingo _____ 209
Der Schlüssel zu meinem Glück bin ich! _____ 210

Anhang _____ **212**
Alle Glücksstrategien auf einen Blick _____ 212
Alle Übungen auf einen Blick _____ 214

Literatur _____ **215**
Über die Autorin _____ **216**

Dank

»Lasst uns dankbar sein gegenüber Menschen,
die uns glücklich machen.
Sie sind die liebenswerten Gärtner,
die unsere Seele zum Blühen bringen.«
Marcel Proust

Ich bedanke mich herzlich bei all den Menschen, die meine Seele zum Blühen gebracht und mich glücklich gemacht haben, indem sie es mir – jeder auf seine Weise – ermöglicht haben, dieses Buch zu schreiben und damit meinen Traum wahrzumachen!

Auf meiner Reise zum Glück hatte ich bisher viele inspirierende, liebevolle, ermutigende, unterstützende, wertvolle, begeisternde, fröhliche, herausfordernde und glückliche Begegnungen – und ich freue mich auf mehr …

Bea Engelmann
im Juni 2010

Herzlich willkommen!

*»Es ist schwer, das Glück in uns zu finden,
und es ist ganz unmöglich, es anderswo zu finden.«*
Nicolas Chamfort

Wie schön, dass Sie dieses Buch aufgeschlagen haben und es lesen wollen. Sie interessieren sich für das Thema Glück. Vielleicht fühlen Sie sich schon ganz glücklich und möchten einfach gern mehr darüber erfahren. Vielleicht spüren Sie aber auch, dass noch irgendetwas zum Glücklichsein fehlt, obwohl Sie schon so vieles haben. Kurzum, Sie möchten etwas mehr Glück in Ihr Leben bringen. Vielleicht fiel Ihnen dieses Buch aber auch nur durch Zufall in die Hände. Welches Motiv auch immer Sie haben, Sie sind hier richtig – herzlich willkommen!

Der Schlüssel zu Ihrem Glück sind Sie!

Wie können Sie dieses in Ihnen liegende Potenzial so nutzen, dass Sie dauerhaft und nachhaltig Glück empfinden können? Wie können Sie die Kompetenz zum Glücklichsein erwerben? Wie können Sie Ihre Fähigkeit zum Glücklichsein leben und die Ressource Glück nutzbar machen?

Glück bedeutet vor allem Selbstreflexion und »Selbst-Bewusstsein«. Wenn Sie sich kennenlernen und »selbst-bewusst« werden, dann haben Sie den ersten Schritt zum Glücklichsein schon getan.

Werden Sie Ihr eigener Glücksexperte!

Dieses Buch kann Sie dazu befähigen, Ihr Glück maßzuschneidern und zu Ihrem eigenen Glücksexperten heranzureifen. Sie werden Anregungen für Strategien und Aktivitäten bekommen, die sich in Ihren Alltag integrieren lassen und die Sie tagtäglich einsetzen können.

Reiseziel Glück

Das Leben ist eine Reise durch die Zeit: Wir gehen unseren »Lebensweg« und finden dabei im besten Falle unsere ganz persönliche Route. Damit dieser Weg, diese Reise durch die Zeit gelingt, ist jeder von uns selbst gefordert, seine persönliche Reise zu planen – mit allem, was dazu gehört. Sie kennen das vielleicht von Ihrer Urlaubsplanung. Sie überlegen sich, wohin Sie fahren möchten. Welche Mittel stehen Ihnen dafür zur Verfügung? Wo stehen Sie gerade und wie soll es weitergehen? Fahren Sie allein oder mit anderen? Haben Sie alles dabei, was Sie benötigen werden? Was brauchen Sie noch?

Bei einer Reiseplanung ist es wichtig, eine Bestandsaufnahme zu machen, das Ziel festzulegen und die erforderlichen Schritte zu planen. Genauso ist es mit dem eigenen Lebensglück …

Positive Psychologie

Dem amerikanischen Psychologen Seligman (2005) gelang es, die Positive Psychologie in der psychologischen Wissenschaft zu etablieren und somit in den Fokus der Fachleute zu bringen. Das Ziel der Positiven Psychologie besteht in der Erforschung dessen, was das Leben lebenswerter und glücklicher macht. Sie möchte den Menschen das ermöglichen, was von Aristoteles als das »gute Leben« bezeichnet wurde. Im Mittelpunkt steht das Positive – also die menschlichen Stärken und Ressourcen (Auhagen 2004).

Studie über Glück

Im Jahr 2008 habe ich die repräsentative Studie »Glück …!« mit mehr als 150 Männern und Frauen aller Altersgruppen durchgeführt (Engelmann 2008). Das Ergebnis lautet: Glück ist lernbar. Im Rahmen dieser Studie konnte der Einfluss einer positiven Lebenseinstellung auf das Glücksniveau nachgewiesen werden. Das bedeutet, dass eine positive Grundhaltung im Leben dazu beiträgt, glücklich zu sein. Des Weiteren zeigte sich, wie sehr das Glücksniveau und so letzten Endes auch die seelische Gesundheit durch eine bewusste Lebensweise und Haltung dem Leben gegenüber beeinflussbar sind.

Warten Sie nicht – starten Sie heute!

Meine Klienten sagen mir beim Erstgespräch oft, dass sie vorher lange gezögert haben, bis sie sich trauten, zum Telefonhörer zu greifen und einen Termin mit mir zu vereinbaren,

- weil sie dachten, dass sie es alleine schaffen müssten und dass mit ihnen etwas nicht stimme, wenn sie nicht weiter wissen und Unterstützung benötigen;
- weil sie nicht wussten, ob sie sich Hilfe holen dürfen;
- weil sie manchmal auch Angst davor hatten, etwas über sich zu erfahren, was ihnen vielleicht nicht gefällt oder was Konsequenzen nach sich ziehen würde, vor denen sie sich fürchten.

Es dauert oft Monate, bis sie sich entschließen, ins Coaching zu kommen. Jeder einzelne von ihnen geht gestärkt nach Hause – glücklich, über sich selbst so viel zu erfahren und ganz »bei sich« zu sein, und ermutigt, seinen eigenen Weg finden zu können.

Manchmal fließen vielleicht ein paar Tränen, mal wird gelacht oder auch ernsthaft nachgedacht, manchmal entwickeln wir neue Visionen. Und alle Klienten wünschten, sie hätten sich schon früher um ein Coaching bemüht, da es ihnen so gutgetan hat. Deshalb freue ich mich, dass Sie dieses Buch nun vor sich haben. Warten Sie nicht – starten Sie heute! Es wird Ihnen guttun.

Freuen Sie sich auf Ihre ganz persönliche Reise zum Glück!

Anleitung für Ihren Reiseführer

»Sage es mir und ich vergesse es,
zeige es mir und ich erinnere mich,
lasse es mich tun und ich behalte es.«
Konfuzius

Wie kann dieses Buch dazu beitragen, dass Sie zum Glücksexperten in eigener Sache heranreifen? Ganz einfach: Das Buch holt Sie genau da ab, wo Sie stehen! Es lädt Sie ein zu dieser ganz besonderen Reise und begleitet Sie auf dem Weg. Um Ihr Glücksniveau und damit Ihre Lebenszufriedenheit sowie Ihr Wohlbefinden dauerhaft zu steigern, reicht es noch nicht, dieses Handbuch zu lesen und so mehr über Glück und Positive Psychologie zu erfahren, sondern Sie müssen das eigene Verhalten dann auch in die gewünschte Richtung verändern.

Um es mit Konfuzius zu sagen: Dieses Buch sagt Ihnen viel über Glück, zeigt Ihnen viele Möglichkeiten auf und lässt Sie das Gelesene dann tun, damit Sie es behalten können! Auf dem Weg zu dauerhaftem und nachhaltigem Glücksempfinden gibt es keine Abkürzung. Wenn ich Ihnen nun die 5 effizientesten Methoden auf dem Weg zum Glück anpreisen würde, würden Sie dieses Buch zwar höchst motiviert lesen, aber glauben Sie mir, es würde nicht funktionieren. Ich weiß ja nicht, welches die für Sie geeigneten effizientesten Methoden sind. Sie würden das Buch als eines von vielen in Ihr Regal stellen – und dann …? Eines weiß ich jedoch ganz sicher: Es gibt den Weg des inneren Wachstums.

Wenn Sie die Ressource Glück voll zum Erblühen bringen möchten, dann reicht es einfach nicht aus, entsprechende Bücher einfach nur zu »lesen«. Es ist wichtig, dass Sie das Gelesene reflektieren, dass Sie das Gelesene in die Tat umsetzen und dass Sie sich Ihrer selbst bewusst werden. Deshalb finden Sie viele

Glücksimpulse und Tipps, die die Positive Psychologie und die Glücksforschung hervorgebracht haben. Das neueste Wissen fließt in praktikable Übungen ein, die Sie je nach Lust und Laune ausprobieren und für sich nutzen können. Sie werden dann ein gutes Gespür dafür entwickeln, was sich für Sie gut anfühlt, was Ihnen Freude bereitet und was für Sie letztlich am effizientesten ist. Die Fallbeispiele in diesem Buch stammen größtenteils aus meinem Berufsalltag.

Das *Handbuch für Ihre Reise zum Glück* besteht aus drei Abschnitten:

I. REISEVORBEREITUNG	II. REISE ZUM GLÜCK	III. DAS ZIEL DER REISE
Grundlegendes zum Thema Glück • Ausflug in die Positive Psychologie und die Glücksforschung • Warum Glück? • Was ist Glück?	**Ihre persönliche Reise in Etappen** • Standortbestimmung • Verlockende Zukunft • Blick in die Vergangenheit • Koffer packen • Reiseproviant – Verpflegung für die Seele • Von Wegbegleitern und Mitreisenden • Hindernisse und Stolpersteine • Reiseapotheke	**Glück leben – Tag für Tag** • »Glücks-Bingo« • Der Schlüssel zu meinem Glück bin ich!

Abb. 1: Reiseziel Glück auf einen Blick

- *Die Reisevorbereitung* beantwortet die Frage, warum es unerlässlich ist, sich mit dem Glück auseinanderzusetzen. Außerdem stattet er Sie mit dem nötigen Basiswissen rund um das Thema Glück und Positive Psychologie aus.
- *Die Reise zum Glück* beschäftigt sich mit Ihrer Ressource Glück und lädt Sie zur Selbstreflexion ein. Ausgehend von Ihrer persönlichen Standortbestimmung können Sie einzelne Etappen durchlaufen, die jede für sich mit den dazugehörigen Strategien und Übungen angereichert ist. Entscheidend für den Erfolg ist es, dass Sie lernen, *Ihre persönliche Reise* zu gestalten. Ihre Reise, für die Sie alles für *Sie* Nötige packen. Ihre Reise, die es Ihnen erlaubt, sich zu orientieren und neue Wege zu gehen.

Aufzubrechen, wann immer es für Sie der richtige Moment ist. Stück für Stück, in Ihrem Tempo. Der zweite Abschnitt ist so individuell gestaltet, dass er Ihnen Raum zur persönlichen Entfaltung lässt.

- Beim *Ziel der Reise* geht es darum, dass Sie Glück leben können. Dafür stehen Ihnen unterschiedliche Methoden bereit, mit deren Hilfe Sie das Gelernte in Ihren Alltag integrieren können.

Während Sie dieses Buch lesen, sind Sie »hellhörig« für das Thema Glück. Das ist das Thema, auf das Sie dann schon fast automatisch Ihre ganze Aufmerksamkeit richten. Ihre Gedanken kreisen um Glück. Lassen Sie sich inspirieren!

Das Gehirn kann sich immer nur mit einer Aufgabe beschäftigen. Es ist ein Irrtum zu glauben, dass Frauen mehrere Dinge gleichzeitig erledigen können – ebenso wie Männer verarbeiten auch Frauen Aufgaben sequenziell, eine nach der anderen. Der neueste Stand der Forschung besagt, dass Frauen lediglich schneller zwischen den einzelnen Aufgaben hin und her springen können. Und im Moment Ihrer Lektüre ist es eben das Glück, auf das Sie sich konzentrieren.

Die Glücksimpulse

> *»Auf die Dauer der Zeit nimmt die Seele*
> *die Farbe der Gedanken an.«*
> Marcus Aurelius

Je mehr positive, helle Gedanken Sie denken, desto heller wird Ihre Seele. Das erkannte vor langer Zeit schon der römische Kaiser Marcus Aurelius. Die Wahrheit hinter diesem wunderbaren Zitat habe ich selber erfahren dürfen. Dieses Bild veranschaulicht, warum schon allein die Beschäftigung mit Glück glücklich macht – Sie denken dann ja quasi »Glück«.

Auf Ihrer Reise werden Ihnen viele *Glücksimpulse* begegnen. Sie bestehen aus nichts weiter als Satzanfängen, und trotzdem oder aber gerade deswegen haben sie es in sich. Vielleicht kennen Sie Affirmationen? Sie werden auch als Glaubenssätze und

Gedankenmuster bezeichnet. Es sind Sätze oder Satzgebilde, mit deren Hilfe Sie schnell gute Bilder denken können. Ich kenne viele Menschen, die damit gut arbeiten können. Allerdings lassen die »fertigen« Affirmationen keinerlei Spielraum für Ihre eigenen Gedanken, da schon alles vorgegeben ist. Mir geht es dann oft so, dass ich »aussteige«, sobald ein Wort oder ein Gedanke nicht ganz meine innere Zustimmung findet. Aus diesem Grund verwende ich lieber Glücksimpulse, denn sie haben einen hohen Aufforderungscharakter und bieten Raum für eigene Gedanken. Ob Sie wollen oder nicht, Sie werden den Satz zu Ende denken.

Glücksimpuls:
Damit ich heute glücklich bin, werde ich …

Das Wunderbare an positiven Impulsen ist, dass sie »gute Gedanken« in Ihnen hervorrufen.

Doppelt hält besser? Dreifach hält noch besser!
Im Coaching ist es üblich, lösungsorientierte Fragen zu stellen. An dem folgenden Fallbeispiel können Sie erkennen, dass durch eine dreifache Wiederholung der Frage die Klientin immer tiefer ins Nachdenken kommt.

Lisa, 27 Jahre alt, kam mit der Fragestellung ins Coaching, ob sie ein berufliches Ziel, von dem sie ihr Leben lang geträumt hatte, wirklich weiterverfolgen sollte. Ich fragte Sie: »Angenommen, Sie würden Ihr Ziel erreichen, was würde Ihnen das ermöglichen?« Sie antwortete, dass sie sich dann finanziell unabhängig fühlen könnte. »Und was würde es Ihnen noch ermöglichen?« Sie würde sich dann sicherlich erfolgreich und selbstbewusster fühlen. »Und was noch?« Darauf antwortete sie nach einer Weile nachdenklich, dass es ihr ein Stück innere Freiheit ermöglichen würde. Sie würde nicht mehr so unter Druck stehen. Erneut fragte ich: »Und was noch?« Man konnte ihr ansehen, wie angestrengt sie nachdachte. Sie erwiderte: »Wahrscheinlich könnte ich dann meine Kreativität leben. Das wäre toll! Das möchte ich unbedingt erreichen!«

Sie konnte also ihre anfängliche Unsicherheit in eine klare Absichtserklärung verwandeln.

Wenn Klienten auf eine Frage geantwortet haben, wird manch ein Coach bei bestimmten Fragen dreimal nachfragen, und zwar ganz bewusst, weil es dem Klienten dabei hilft, noch weitere Lösungsvisionen für sich zu entwickeln. Wenn wir mehrmals über ein und dieselbe Frage nachdenken, dann kann das dazu beitragen, »neue« Antworten zu finden. *Eine* Antwort kommt meistens sehr schnell. Es ist die Antwort, die Ihnen vertraut und schon bewusst ist. Wir können sie sehr schnell aus unserem Gehirn abrufen. Durch die Wiederholung besteht die Möglichkeit, dass auch tieferliegende Gedanken, die noch unbewusst oder vorbewusst sind, in unser Bewusstsein gelangen, da der tiefgründige Suchprozess durch diese Art der Lösungstrance initiiert wird.

Dieses Buch soll für Sie wie ein Coaching sein, es soll Sie dazu inspirieren, etwas für Ihr Glück zu tun und tiefes, nachhaltiges Glück zu empfinden, und es soll Ihnen zu innerem Wachstum verhelfen.

Sie finden in diesem Buch deshalb neben praktischen Glückstipps und Glücksstrategien auch Übungen, die Ihnen dazu verhelfen, sich Ihrer selbst bewusst zu werden. Dazu dienen auch die »Glücksimpulse«, die Ihre Aufmerksamkeit auf das Glück oder verwandte Themen lenken. Um glücklich zu sein, ist es unerlässlich, genau darüber zu reflektieren. Jeder von uns hat es selbst in der Hand, glücklich zu sein und Lebensfreude zu empfinden. Als Voraussetzung dafür muss uns bewusst sein, was uns glücklich macht. Ich möchte Sie dazu ermutigen, jeden Glücksimpuls mehrmals zu denken, deshalb werden Sie nach jedem Glücksimpuls 3 Fragen finden. Hinter den Fragen können Sie Ihre Gedanken notieren.

Es ist *Ihr* Buch: Markieren Sie sich all das, was Ihnen gefällt, wichtig erscheint oder Sie inspiriert. Kleben Sie sich z. B.

die bunten »Post-it«-Zettel hinein und machen Sie sich Notizen.

Glücksimpuls:

Damit ich heute glücklich bin, werde ich …

_____

Und was noch? _____

Und was noch? _____

Und was noch? _____

Machen Sie dieses Buch zu *Ihrem* Buch. Ich wünsche Ihnen viele glückliche Gedanken!

Teil I: Die Reisevorbereitung

Warum Glück?

»Glück ist das letzte Ziel menschlichen Handelns.«
Aristoteles

Warum schreibe ich ein ganzes Buch über Glück? Warum lesen Sie dieses Buch? Warum ist es wichtig, sich mit Glück zu beschäftigen? Weil es, wie Aristoteles es beschreibt, das letzte, höchste Ziel unseres Verhaltens ist. Das Motiv für alles, was Sie tun, ist immer wieder ein und dasselbe: *Sie möchten glücklich sein!* Seit Jahrtausenden schon sind die Menschen auf der Suche nach dem Glück. Die Aussicht auf Glück – auch wenn es nur ein kurzer Moment ist – ist der Motor allen Tuns. Nur: Das Glück fällt uns nicht einfach in den Schoß, wir müssen ihm schon eine Chance geben und uns auf den Weg machen. Glücklich sein – wie geht das? Welcher Weg führt zum Glück? Dabei ist eines wichtig: Sie können nur glücklich werden, wenn Sie *Ihren* Weg kennen.

Glück ist zurzeit ein Modethema. Bücher und Zeitschriften über Glück und Themen wie Lebenszufriedenheit, Lebensfreude und Wohlergehen schießen wie Pilze aus dem Boden. Ich freue mich darüber sehr, denn es kann doch gar nicht genug Informationen über dieses Thema geben, bei dem es darum geht, was uns Menschen motiviert, bestimmte Ziele zu verfolgen.

Welcher Weg führt *Sie* zum Glück? Wie steht es mit Ihnen? Sind Sie glücklich? Bestimmt haben Sie sich auch schon oft gefragt, ob Sie glücklich sind. Und – sind Sie es? Eine wesentliche Voraussetzung für die Beantwortung dieser Fragen: Sie müssen wissen, was zu Ihrem Glück führt. Wissen Sie, was Sie glücklich macht? Was bedeutet Glück für Sie?

Glücksimpuls:
Glück ist für mich …

_____

Und was noch? _____

Und was noch? _____

Und was noch? _____

Der Hauptgrund für eine intensive Beschäftigung mit dem Thema Glück ist aus meiner Sicht, dass das Leben endlich ist. Wäre es das nicht, würden wir Glück vielleicht nicht so zu schätzen wissen. In jedem von uns steckt die Fähigkeit, glücklich sein zu können. Außerdem ist Glück eine Ressource, also im weitesten Sinne eine Fähigkeit und Stärke, die wir nutzen können. In meinen Coachings erlebe ich es oft, dass die Menschen, die mir gegenübersitzen, gar nicht genau wissen, was *sie* persönlich glücklich macht, was *sie* persönlich ausmacht, was an *ihnen* persönlich das Besondere ist und was *sie* persönlich möchten. Wie ist es Ihnen mit dem Glücksimpuls ergangen?

»Selbst-Bewusstsein«

»Selbst-Bewusstsein« steht am Anfang von allem. Je mehr wir uns unserer selbst bewusst werden, desto leichter fällt uns die Beantwortung persönlicher Fragen. Im Zeitalter von Wellness ist Glück ein wesentlicher Faktor – glücklich zu sein dient auch der Vorbeugung von Krankheiten. Darüber hinaus ist es wichtig zu wissen, dass wir nicht »Opfer unserer Gefühle« sind. Ob wir uns sehr gestresst fühlen oder aber im Großen und Ganzen mit unserem Leben zufrieden sind, ist zu einem Teil auch unsere freie Entscheidung. Dass Glück lernbar ist, konnte ich in meiner Studie »Glück …!« nachweisen – Grund genug, ein Buch zu schreiben, in dem Sie das erforderliche Know-how dafür erhalten.

6 Antworten auf die Frage, warum man sich mit dem Thema Glück beschäftigen sollte:

- Das Leben ist ein Geschenk.
- Glück ist eine kostbare Ressource.
- Gute Gefühle sind kein Schicksal.
- »Selbst-bewusste« Menschen leben glücklicher.
- Glückliche Menschen leben gesünder.
- Glück ist lernbar.

Das Leben ist ein Geschenk

> *»Was für ein wunderbares Leben ich hatte.*
> *Ich wünschte nur, das wäre mir früher klar geworden.«*
> Colette

In vielerlei Hinsicht ist das Leben an sich ein Wunder und kostbar. Zeit ist einer der Faktoren, die es so kostbar machen, weil das Glück durch die Zeit limitiert ist. Diese Auffassung ist nach Meinung vieler Glücksforscher und Philosophen eine elementare Voraussetzung dafür, warum dem Glück an sich überhaupt eine besondere Bedeutung zukommt.

Ich lade Sie zu einem kleinen Experiment ein – begeben Sie sich mit mir auf eine Reise zu Ihren Möglichkeiten, Träumen und Sehnsüchten.

Übung: Die Bank an der Nordsee

Stellen Sie sich folgende Szene vor: Sie sitzen auf einer Holzbank auf einem Deich an der Nordsee. Es ist ein schöner lauer Herbstabend in ein paar Jahren, oder vielleicht sind Sie auch schon 80 Jahre alt. Sie haben sich in eine Decke eingehüllt und blicken hinaus auf das Meer. Sie sehen zu, wie die Wellen kommen und gehen. Sie fühlen den Wind, der Ihnen um die Nase weht. Sie hören das Rauschen der Wellen, riechen den unverwechselbaren »Nordsee-Duft« und atmen die frische Luft tief ein und aus.

Herrlich! Sie lassen die Seele baumeln, Ihre Gedanken fließen frei und gehen auf Wanderschaft. Die Jahre ziehen an Ihnen vor-

---

bei. Sie denken über sich und Ihr Leben nach ... Stellen Sie sich vor, dass die vergangenen Jahre und Jahrzehnte wie ein Film an Ihnen vorüberziehen ... Der Film Ihres Lebens, in dem zweifelsohne Sie die Hauptrolle spielen. So viele Bilder laufen vor Ihrem geistigen Auge ab – schnelle und langsame Bilder, klare und dann wieder verschwommene Bilder, Bilder in schwarz-weiß und in bunten Farben.

Schauen Sie genau hin und nehmen Sie sich etwas Zeit für die folgenden Fragen:

• Was sehen Sie in diesem – in Ihrem – Film?
• Was für eine Art von Film ist es?
• Worauf blicken Sie zurück?
• Welche Träume haben Sie verwirklicht?
• Lieben Sie und werden Sie geliebt?
• Sind Sie in Ihrem Film der Mensch, der Sie werden wollten?
• Sind Sie ein glücklicher Mensch?

Doch halt – es ist ja nur ein Gedankenexperiment. Sie sind wahrscheinlich noch nicht so alt, dass Sie auf 80 Jahre gelebtes Leben zurückblicken.

Zeit zum Innehalten! Denn nun haben Sie die Chance zu überlegen, was Glück für Sie bedeutet und wie Sie glücklich werden, sein oder bleiben können. Sich mit dem eigenen Glück auseinanderzusetzen ist der Ausgangspunkt für ein glückliches Leben – sonst ziehen die Jahre einfach ins Land, und ehe Sie sich versehen, ist kostbare Zeit vergangen. Kennen Sie das auch? Wie oft höre ich kurz vor Weihnachten, dass jemand sagt: »Oh, und nun ist schon wieder Weihnachten. Ich habe gar nicht mitbekommen, wie schnell die Zeit verflogen ist.« Kindern erscheint anders als uns Erwachsenen die Zeitspanne zwischen einem Weihnachtsfest und dem nächsten doch schier endlos.

Zeit ist so kostbar, dass es unerlässlich ist, sich genau dieser Tatsache zu stellen. Die »Bank an der Nordsee«-Übung kann Ihnen helfen, Ihrem Glück auf die Spur zu kommen. Sie haben »rückwärts« Ihr Leben betrachtet, um zu erfahren, wie Sie es »vorwärts« gestalten möchten.

Übung: Der Film meines Lebens

Wie würde das Plakat für Ihren persönlichen Lebensfilm aussehen? Stellen Sie sich vor, Sie sind Drehbuchautor: Fragen Sie sich, wie der Film sein soll, der das Leben so darstellt, wie Sie es mit Ihren Möglichkeiten gern leben möchten.

Nehmen Sie sich reichlich Zeit für die Beantwortung der Fragen:

Was möchten Sie in diesem Film sehen?

_____

Wie möchten Sie in diesem Film aussehen?

_____

Womit möchten Sie Ihre Zeit verbringen?

_____

Welche Menschen werden neben Ihnen noch eine wichtige Rolle in Ihrem Film spielen?

_____

Was möchten Sie über sich denken?

_____

Was möchten Sie, wie andere über Sie denken?

_____

Was wird Ihnen wichtig sein?

_____

Für welche Werte stehen Sie?

_____

Leben Sie Ihre Träume?

_____

Unsere Zeit ist begrenzt

Das ist eine unumstößliche Tatsache. Wir können nicht genau wissen, wie viel Zeit uns zur Verfügung steht. Die durchschnittliche Lebenserwartung in Deutschland liegt etwa bei 80 Jahren. Auf der japanischen Insel Okinawa liegt sie noch höher – die alten Insulaner leben ein Leben fernab von Stress, Fernsehen und Fast Food. Sie haben ein gutes soziales Netzwerk, ernähren sich gesund und bewegen sich viel. Sie gehen ihr Leben in Ruhe an. Obwohl wir rein theoretisch alle unsere durchschnittliche Lebenserwartung kennen, scheinen wir dies zu verdrängen. 80 Jahre sind schließlich auch nur ein Durchschnittswert – ohne Garantie …

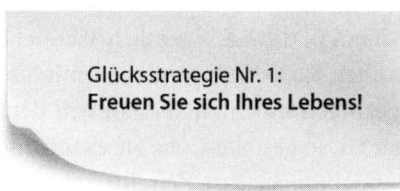

Glücksstrategie Nr. 1:
Freuen Sie sich Ihres Lebens!

Zeit ist ein begrenztes Gut. Wir sollten sie nicht verschwenden! Wie gehen Sie mit Ihrer Zeit um? Wenn Sie an das Wort »Verschwendung« denken – was fällt Ihnen ein? Womit gehen Sie verschwenderisch um? Vermutlich denken Sie zunächst an Geld und vielleicht Energie. Interessanterweise wird im Zusammenhang mit Zeit selten darüber gesprochen, wie verschwenderisch wir damit umgehen. Das Leben ist ein Balanceakt zwischen Pflicht und Kür.

Für unsere Gesundheit und unseren Lebensunterhalt müssen wir einen Großteil unserer Zeit investieren – das ist das Pflichtprogramm. Vor lauter Pflichterfüllung vergessen wir manchmal: Ein Teil unserer Zeit ist frei verfügbar – für die Kür. Es kommt auf das Verhältnis zwischen den beiden an. Ein bisschen mehr Kür darf es bestimmt sein. Der Idealfall ist natürlich, dass Sie einen großen Teil der Pflicht zur Kür erklären. Wir können Zeit nicht speichern. Zeit wird kontinuierlich konsumiert und ist dann unwiederbringlich vergangen.

Doch womit verbringen wir unsere Freizeit? Wir füllen unsere kostbare, weil begrenzte Lebenszeit mit vielen interessanten und auch nicht so interessanten Themen und Tätigkeiten. Ich kenne so viele Menschen, die mir erzählen, dass sie lieber nicht so viel Fernsehen schauen würden, da sie sich am nächsten Tag ohnehin kaum noch an das Gesehene erinnern können. Und dennoch schalten Sie den Apparat jeden Abend wieder an. »Eigentlich« würden sie viel lieber lesen, sich mit Freunden treffen, Musik hören …

Ich habe in einem Interview mit einem erfolgreichen deutschen Comedian gelesen, dass er für sein Leben gern stunden- oder sogar tagelang vor dem Fernseher sitzt. Er liebt es fernzusehen, empfindet es also nicht als Zeitverschwendung. Nur wenn sich die Zeiten häufen, die Sie eigentlich viel lieber anders verbracht hätten, sollten Sie sich überlegen, womit Sie Ihre freie Zeit – die Kür – verbringen möchten. Sie können den Teil der Zeit, der frei verfügbar ist, so gestalten, wie Sie es möchten. Wie ist das bei Ihnen? Wie möchten Sie Ihre Zeit, Ihr Leben gestalten?

Glücksimpuls:
Damit ich glücklich bin, gestalte ich meine freie Zeit so, dass …

_____

Und wie noch? _____

Und wie noch? _____

Und wie noch? _____

Wie bewusst ist Ihnen die Tatsache, dass Sie Ihre Zeit aktiv gestalten können? Gehen Sie mit Ihrer Zeit verschwenderisch um oder sind Sie eher sparsam? Ich möchte Sie dazu einladen, darüber nachzudenken, womit Sie Ihre Zeit tagtäglich verbringen.

Der Freizeitwissenschaftler Horst Opaschowski hat erforscht, dass wir im Durchschnitt 6 Monate unseres Lebens mit dem Warten vor Ampeln verbringen. Für das Anziehen benötigen wir etwa 7 Monate – Frauen vielleicht ein bisschen länger – und allein das Suchen nach verlorenen Dingen nimmt ungefähr ein Jahr unserer Lebenszeit in Anspruch. Nebenbei bemerkt ist das ein guter Grund für mehr Ordnung, oder? Doch ernsthaft: Wie viel Lebenszeit haben Sie schon damit verbracht, genau darüber nachzudenken, wie Sie Ihre Zeit verbringen möchten und was Sie glücklich macht?

Eine 50-jährige Klientin ging neulich nach der letzten Coaching-Sequenz mit den Worten: »Warum habe ich mich damit eigentlich nicht schon früher beschäftigt? Es hat mir so gutgetan! Jetzt weiß ich, wonach ich immer gesucht habe.« Wie lange haben Sie sich bisher Zeit genommen, nach dem zu suchen, was Ihnen wichtig ist? Nicht nach Socken oder Autoschlüsseln, sondern nach dem, was Sie glücklich macht? Wie gut, dass Sie dieses Buch in Händen halten, denn so werden Sie Stunden oder Tage mit dem Thema Glück verbringen. Lassen Sie uns einmal schauen: Wie viele Stunden oder Tage oder gar Monate haben Sie sich bisher Zeit dafür genommen, sich mit sich selbst und Ihrem Glück zu beschäftigen? Schon allein die Beschäftigung mit Glück führt dazu, dass Sie sich glücklicher fühlen.

Glücksimpuls:
Ich investiere meine Zeit gern in das Nachdenken über mein Glück, weil ...

_____

Und warum noch? _____

Und warum noch? _____

Und warum noch? _____

Nur ausgefüllt oder sind Sie schon erfüllt?

Der Begriff des Zeitmanagements war eine Zeit lang sehr en vogue. Es geht dabei vornehmlich darum, die zur Verfügung stehende Zeit gut zu strukturieren, Kapazitäten zu erkennen und diese möglichst effizient zu nutzen. Kritiker monieren, dass das Zeitmanagement darauf abzielt, möglichst viele Aktivitäten in einen Tag zu zwängen. Natürlich benutze auch ich einen Kalender, um einen Überblick über meine Zeit zu haben, aber zu »volle« Tage wirken auf mich schon im Voraus eher lähmend. Geht es Ihnen auch so? Erschwerend kommt hinzu, dass es auf dem Weg zum Glücklichsein kontraproduktiv ist, den Tag bis obenhin zu füllen. Denn nur weil ein Tag »ausgefüllt« ist, muss es nicht bedeuten, dass uns das »erfüllt«. Wenn Ihr Tag rundum so geplant ist, wie Sie es möchten, weil die einzelnen Tagesordnungspunkte im Großen und Ganzen Ihren Wünschen und Vorstellungen entsprechen und Ihr Tag aus Aktivitäten besteht, die Sie zufrieden machen, ist es wunderbar. Für den Fall, dass es nicht so ist, ziehen Sie doch einmal Bilanz und fragen Sie sich, was genau Ihnen nicht mehr gefällt, was Sie ändern möchten und wie Sie das realisieren können. Ist es eher die Pflicht oder die Kür?

Sophia, eine Frau mittleren Alters, fühlte sich ständig müde, erschöpft und unzufrieden. Jahrelang hatte sie in verantwortungsvoller Position für ein angesehenes Unternehmen gearbeitet, hatte einen abwechslungsreichen Aufgabenbereich und war erfolgreich in dem, was sie tat. Zu ihrem Berufsleben zählten häufige Auslandsreisen, Messen und Geschäftsessen. Von außen betrachtet hatte sie einen tollen Job, der keine Wünsche offen ließ, dazu einen interessanten Mann und drei wohlgeratene Kinder. Sicher, manchmal war es ihr in den letzten Jahren zu viel geworden, aber sie wollte neben Arbeit und Familie nicht ihre Hobbys aufgeben, weil sie spürte, dass diese ihr guttaten. Aber die Müdigkeit hatte ihr im Laufe des letzten Jahres zunehmend zu schaffen gemacht. Immer öfter stellte sie sich die Frage, warum sie das alles machte. Erst mithilfe des Coachings erkannte sie den Grund für ihre Unzufriedenheit. Obwohl ihr Leben sehr *ge*füllt war, *er*füllte es sie nicht. Ihren Beruf übte sie aus, weil sie so erfolgreich war, aber bei näherem Hingucken stellte sie fest, dass sie eigentlich von einer ganz anderen Position in einem anderen Unternehmen »träumte«, weil die vielen Geschäftsreisen zunehmend das Familienleben belasteten. Außerdem fühlte sie sich in der Rolle als Managerin nicht wirklich wohl. Die Tätigkeit erschien ihr irgendwie sinnlos. Ihre Familie, Freunde und Kollegen zeigten dafür nur wenig Verständnis und waren der Meinung, dass sie nun wirklich alles habe, was man sich wünschen könne. Sie konnten nicht verstehen, warum sie nicht »einfach« glücklich war. Erst als Sophia ganz klar sah, dass sie sich noch etwas anderes wünschte, konnte sie zu ihrer Entscheidung stehen: Sie musste etwas ändern! Weil sie sich eingestanden hatte, wie stark ihr Wunsch nach einem erfüllten Leben und einem Beruf war, der sie befriedigte, wurde sie stark genug, aus dem Hamsterrad auszubrechen und die notwendigen Änderungen in die Wege zu leiten. Die Müdigkeit war wie weggeblasen und sie blühte wieder sichtlich auf, denn sie hatte zu ihrer alten Stärke zurückgefunden und sich von den Erwartungen der anderen befreit. Glücklicherweise gelang es ihr bald, eine neue berufliche Herausforderung zu finden.

Wenn unser Leben nicht nur *ge*füllt bzw. *ausge*füllt, sondern auch *er*füllt ist, fühlen wir uns glücklich. Schon allein diese Einsicht ist beglückend.

Tausche Pflicht gegen Kür!

»Glückliche Tage sind kurz.«
Indische Weisheit

Für den Anfang ist es sehr hilfreich, den eigenen Terminkalender genauer zu betrachten und sich gegebenenfalls Zeiten »freizuschaufeln«. Wenn Sie feststellen, dass Ihre Woche so vollgestopft ist, dass für das, was Ihnen am Herzen liegt, keine Zeit bleibt, dann führt das langfristig zu Unzufriedenheit, Stress oder Erkrankungen.

Entlasten Sie sich, in dem Sie Auszeiten einplanen. Das sind Zeiten, die Sie mit »Nichts« füllen können, um mal in Ruhe zu verschnaufen und zu überlegen, womit Sie diesen freien Zeitraum gern verbringen würden. Sie dürfen das! Vielleicht wollten Sie schon lange einmal malen, einen Kochkurs besuchen oder regelmäßig ins Theater gehen. Vielleicht möchten Sie ganz einfach im Wald joggen, mit Ihrem Hund spazieren gehen oder sich im Liegestuhl entspannen. Fangen Sie mit einem »Termintausch« an und genießen Sie das gute Gefühl, Gestalter Ihrer eigenen Zeit zu sein!

Glücksimpuls:

Ich möchte etwas ändern! Schon seit Langem möchte ich Zeit haben für ...

_____

Und wofür noch? _____

Und wofür noch? _____

Und wofür noch? _____

Eine kostbare Ressource

Glück ist eine sehr kostbare Ressource! Um das zu verstehen, lade ich Sie zu einem kleinen Ausflug in die Psychologie und insbesondere die Entwicklungspsychologie ein.

Psychologen verstehen unter einer Ressource im Wesentlichen eine persönliche Fähigkeit, eine individuelle Kompetenz. Ressourcen sind Stärken, die in unserem Inneren liegen, die wir also schon »haben«. Durch die Anwendung dieser Ressourcen können wir über Handlungsoptionen und Bewältigungsstrategien verfügen, wenn es darum geht, bestimmte Situationen zu meistern. Wenn wir die Ressourcen nutzen, die in uns liegen, dann befähigen sie uns zu einem »stärkeren Ich«.

Warum sind Ressourcen wichtig?

Wenn es uns gelingt, unser inneres Potenzial zu einem sehr großen Teil zu nutzen, fühlen wir uns stark genug gegenüber den Herausforderungen unseres Lebens.

Die Tatsache, *wie* wir uns im Laufe des Lebens entwickeln, *wie* wir unser Leben leben, *wie* wir es betrachten und *wie* glücklich wir damit sind, hängt im Grunde genommen von zwei sehr wesentlichen Faktoren ab: Von *Schutzfaktoren* und von *Risikofaktoren*, die einen Einfluss auf unser seelisches Wohlergehen haben.

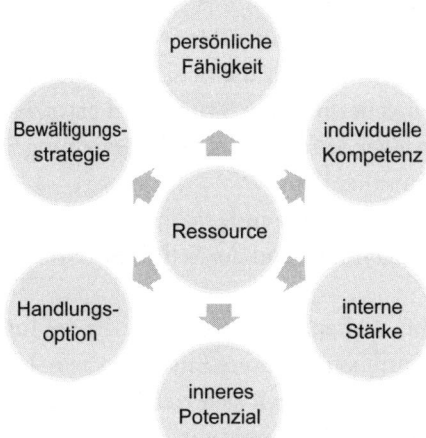

Abb. 2: Erscheinungsformen von Ressourcen

Schutzfaktoren sind all die Faktoren, die dazu beitragen, dass es uns und unserer Seele gut geht. Sie befähigen uns, Aufgaben zu bewältigen, und sorgen dafür, dass Belastungen und Einflüsse von außen keine schädigende Wirkung auf uns haben. Schutzfaktoren sind all die Faktoren, die dazu beitragen, ein »starkes Ich« zu entwickeln. Mit anderen Worten: Je mehr Schutzfaktoren wir haben, desto größer ist die Wahrscheinlichkeit, dass unsere Lebensreise glücken wird. Es gibt 2 Arten von Schutzfaktoren:

1. Individuelle Schutzfaktoren:
Die Teile unserer Persönlichkeit, die uns bei der Bewältigung unterschiedlicher Aufgaben und Anforderungen hilfreich sind, seien es Phasen menschlichen Entwicklung, wie z. B. die Pubertät, oder seien es Aufgaben, die von außen an uns herangetragen werden:
• positives Temperament
• positiver Umgang mit anderen
• starkes Selbstwertgefühl
• gutes Selbstbewusstsein
• Humor
• positive Lebenseinstellung

2. *Soziale Schutzfaktoren:*
Die Bereiche unserer sozialen Umwelt, die uns bei der Problembewältigung stützen und einen Einfluss darauf haben, ob und wie wir uns bestimmten Situationen gewachsen fühlen:
• stabile, ermutigende und gelingende Beziehungen
• liebevolles Familienklima
• Unterstützung durch Freunde
• gute Erfahrungen während der Schulzeit und im Berufsleben

Risikofaktoren beinhalten all die Faktoren, die voraussichtlich einen negativen Einfluss auf unsere Entwicklung haben und unerwünschte Konsequenzen nach sich ziehen können. Mit anderen Worten: Je mehr Risikofaktoren wir haben, desto höher ist die Wahrscheinlichkeit, dass unsere Lebensreise sich schwierig gestalten wird. Auch bei den Risikofaktoren unterscheiden wir:

• *Individuelle Risikofaktoren:*
Die personalen Bedingungen, unter denen wir herangewachsen sind und die sich erschwerend auf eine gesunde Entwicklung im Laufe unseres Lebens auswirken können:
1. Störungen im sozialen Verhalten
2. negative Kommunikation
3. niedrige Frustrationstoleranz
4. unsichere Bindung an die Eltern
5. Ängstlichkeit

• *Soziale Risikofaktoren:*
Die Aspekte unseres sozialen Umfelds, die einen negativen Einfluss auf uns haben können:
• konfliktreiches Elternhaus
• inkonsequente Erziehung
• unzureichende Bildung
• Alltagsstress
• wenig stabile Beziehungen
• Traumatisierung

Schutzfaktoren tragen dazu bei, dass wir ein »starkes Ich« haben und resilient sind, dass wir eine gute Widerstandskraft im psychischen Sinne haben. *Resilienz* bedeutet, dass wir die Fähigkeit haben, mit den uns im Laufe unseres Lebens gestellten Aufgaben und Belastungen so umgehen zu können, dass wir psychisch gesund bleiben können.

Abb. 3: Auswirkungen von Schutz- und Risikofaktoren

Ein sehr anschauliches Beispiel für Resilienz ist das Stehaufmännchen, das die Fähigkeit besitzt, sich aus jeder beliebigen Lage wieder aufzurichten. Unabhängig von äußeren Einflüssen kehrt ein Stehaufmännchen immer wieder zu seinem »Grundzustand« zurück. Hilfreich ist dabei in jedem Fall ein gutes Selbstmanagement.

Risikofaktoren hingegen machen uns verletzlich, vulnerabel. *Vulnerabilität* ist das Gegenteil von Resilienz. In vulnerablem Zustand sind wir emotional sehr verletzlich und neigen u. U.

zu psychischen Störungen. In einigen Lebensphasen sind wir vulnerabler als in anderen und zeigen eine besondere Empfindlichkeit gegenüber Umwelteinflüssen.

Um es auf eine einfache Formel zu bringen: Schutzfaktoren schützen unsere Seele und tun uns gut. Risikofaktoren können sich negativ auf unsere Entwicklung auswirken. Wenn wir über mehr Schutz- als Risikofaktoren verfügen, so geht es uns besser. Wenn sich besonders in der Kindheit durch ein schwieriges Elternhaus und ein problematisches Umfeld viele Risikofaktoren ergeben, so sind das sicherlich ungünstige Startbedingungen. Wenn es dann aber gelingt, die Zahl der Schutzfaktoren zu vermehren, wird die Waage in Richtung Resilienz ausschlagen können. Einen guten Weg dahin kennen Sie nun: das individualisierte Glückscoaching!

Wie Sie Ressourcen bewusst machen und zum Blühen bringen

> *»Wenn ich mit intellektuellen Freunden spreche, festigt sich in mir die Überzeugung, vollkommenes Glück sei ein unerreichbarer Wunschtraum. Spreche ich dagegen mit meinem Gärtner, bin ich vom Gegenteil überzeugt.«*
> Bertrand Russell

Je mehr Schutzfaktoren wir haben, desto eher werden wir in der Lage sein, unsere psychische Gesundheit zu erhalten. Ein Grund mehr, sich mit seiner Person und seinen Ressourcen zu beschäftigen.

Potenziale können wir natürlich nur dann ausschöpfen, wenn wir sie erkennen und nutzbar machen. Dazu verhilft Ihnen die Reise zum Glück im zweiten Teil dieses Buches.

Glücksimpuls:
Ich möchte meine Ressourcen nutzen,
damit ...

_____

Und wozu noch? _____

Und wozu noch? _____

Und wozu noch? _____

Glücksstrategie Nr. 2:
Nutzen Sie Ihre Ressourcen!

Gute Gefühle sind kein Schicksal

Gefühle gehören zu unserem Leben wie das Salz in der Suppe. Sie verleihen unserem Leben Farbe. Wenn wir unsere Gefühle zu wenig ausleben, wird das Leben etwas »farblos«, haben wir zu viel davon, verlieren wir manchmal die Balance und können mit unseren Gefühlen über das Ziel hinausschießen, sodass das Leben etwas sehr »schrill« wird.

Unter psychologischen Gesichtspunkten bezeichnen die Begriffe Gefühl und Emotion nicht dasselbe. Unter *Emotionen* werden komplexe psychophysiologische, also seelische und körperliche Vorgänge verstanden, die eine vielschichtige Reaktion auf eine Situation darstellen, die für uns persönlich bedeutsam ist. Eine Emotion wie Glück besteht aus mehreren Bestandteilen:
• physiologische Veränderungen, z. B. schnellerer Herzschlag
• spezifische Kognitionen, z. B. »Ich habe mein Ziel erreicht!«
• ein Gefühl, z. B. »Ich bin glücklich!«
• Veränderung der Verhaltensbereitschaft, z. B. andere offen anlächeln

Daran sehen wir, dass das Gefühl lediglich eine Komponente der Emotion ist. Es umfasst das subjektive Erleben einer bestimmten Situation. Der Hauptunterschied zwischen Emotion und Gefühl liegt darin, dass eine Emotion zunächst unbewusst ist, ein Gefühl jedoch bewusst. Ich werde die Begriffe Emotion und Gefühl synonym verwenden, wie es in der Alltagssprache außerhalb der Fachwelt auch üblich ist.

Emotionen haben eine wichtige Funktion

Emotionen gehören zu unserem genetischen Programm. Sie sind angeboren und kein Luxus der Natur, sondern haben vielmehr eine wichtige Funktion: Sie sichern unser Überleben und somit die Erhaltung der Art. Für den bekannten Neurowissenschaftler Damasio, der auf dem Gebiet der Bewusstseinsforschung arbeitet, sind Emotionen »ein komplexes Hilfsmittel im Daseinskampf« (2002).

Emotionen haben einen großen Einfluss auf unser Verhalten, denn sie wirken sich auf unsere Motivation sowie unsere kognitiven Fähigkeiten aus und spielen eine wichtige Rolle für unser soziales Miteinander.

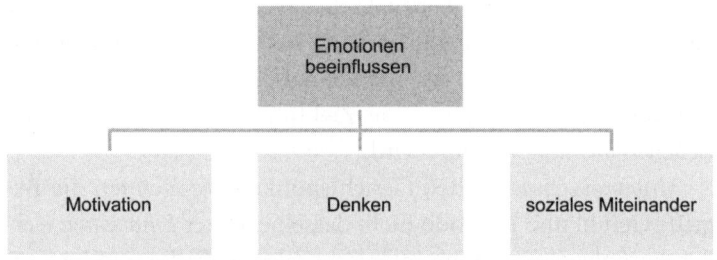

Abb. 4: Die 3 Funktionen von Emotionen

Emotion und Motivation

Sehr schwere oder sehr leichte Aufgaben und solche, die mit einem inneren Konflikt verbunden sind, gehen wir üblicherweise nur dann gern an, wenn das Erreichen des Ziels mit der Aussicht auf eine Belohnung oder zumindest dem Vermeiden negativer

Folgen verbunden ist. Unsere Gefühle beeinflussen die Motivation erheblich.

Überforderung

Ob Sie Ihren Keller aufräumen wollen oder nicht, hängt auch davon ab, ob Sie das für eine eher schwierige oder aber für Sie gut zu bewältigende Aufgabe halten. Wenn Sie denken, dass Sie eine Aufgabe nicht bewältigen werden, weil sie viel zu schwer oder gar unmöglich für Sie sein wird, dann werden Sie sie nicht angehen oder eben nur äußerst widerwillig. Jede Ablenkung wird dankend angenommen. So hört man immer wieder von Studenten, die in Zeiten der Prüfungsvorbereitungen die Wohnung putzen, den Kühlschrank aufräumen und den Schreibtisch auf Hochglanz polieren – all das tun sie, damit sie nicht lernen müssen.

Unterforderung

Ebenso ist es jedoch mit Anforderungen, die als zu leicht befunden werden. Stellen Sie sich vor, Sie sollten Zeitungen nach dem Datum sortiert in den Papiermüll legen. Hätten Sie dazu Lust? Ich nicht! Wenn Sie sich mit einer Aufgabe klar unterfordert fühlen und sie als langweilig oder vielleicht sogar stumpfsinnig empfinden, wird das Ihre Motivation auch nicht gerade positiv beeinflussen.

Innerer Konflikt

Nehmen wir an, Sie hätten seit längerer Zeit einem guten Freund versprochen, ihm bei einem Möbeltransport zu helfen. Sie wissen, dass es spätestens am nächsten Wochenende geschehen müsste, aber Sie können sich überhaupt nicht dazu aufraffen? Manchmal bringen Emotionen auch innere Konflikte ans Tageslicht, wobei die fehlende Motivation dann als Symptom sichtbar wird. Ihre Unlust könnte auch daran liegen, dass Sie irgendeinen inneren Groll gegen diesen Freund hegen, den Sie noch nicht offen angesprochen haben. Hier stellt nicht die Aufgabe an sich das Problem dar, sondern vielmehr der unausgesprochene Konflikt, der zwischen Ihnen steht.

Prüfen Sie einmal für sich, welche noch immer unerledigte Aufgabe Sie eigentlich schon längst erledigt haben wollten, und warum Sie dazu partout keine Lust gehabt haben. Was könnte Ihre Motivation erhöhen? Welche Art von Belohnung könnte Sie dazu veranlassen, sie anzugehen?

Emotion und Kognition

Emotionen haben auch einen großen Einfluss auf kognitive Fähigkeiten sowie darauf, wie Informationen im Gehirn verarbeitet und gespeichert werden und wie schnell man darauf zurückgreifen kann. *Kognition* bedeutet im weitesten Sinne Denken.

Kognitive Fähigkeiten sind u. a.:
- Lernen
- Orientierung
- Aufmerksamkeit
- Kreativität
- Gedächtnis
- Planen

Wenn Kinder sich wohlfühlen, so können sie wunderbar lernen. In einer Atmosphäre, die von Angst geprägt ist, ist dies nicht der Fall. Das Gehirn blockiert dann manchmal. Während meines Psychologie-Studiums habe ich Statistik-Tutorien für jüngere Studenten geleitet. Ehrlich gesagt erfreut sich die Statistik bei Psychologiestudenten im Allgemeinen keiner allzu großen Beliebtheit. Mir machte es jedoch – aus welchem Grund auch immer – Spaß, und im Laufe dieser Tätigkeit fand ich heraus, dass viele schlichtweg keine Lust dazu hatten, weil sie meinten, es sowieso nicht zu können – vielleicht, weil sie schon in der Schule vermittelt bekommen haben, dafür ohnehin »zu doof« zu sein, was offensichtlich noch Jahre später Wirkung zeigte. Wenn es den Studenten gelang, sich neu auf Statistik und damit auch auf Mathematik im weiteren Sinne einzulassen, und sie begannen, ihre Aufmerksamkeit auf die statistischen Kennziffern an sich und nicht so sehr ihre mögliche Unfähigkeit zu richten, gewannen sie mit der Zeit doch Freude an dem Fach.

Wie groß der Zusammenhang von Emotionen und unserem Erinnerungsvermögen, dem Gedächtnis ist, wissen wir alle. Jeder weiß, dass ein Buch, das wir mit Freude lesen, deutlich besser im Gedächtnis haften bleibt als uninteressante Fachlektüre. An einen langweiligen Film kann man sich kaum oder nur schwer erinnern. Je intensiver die emotionalen Zustände sind, desto besser ist die Gedächtnisleistung.

Woran denken Sie, wenn Sie den Duft von Zimt vernehmen? Stellen Sie sich noch etwas Lebkuchengewürz dazu vor und überlegen, woran Sie nun denken. Man muss wohl nicht hellsehen können, um darauf zu tippen, dass Sie an Weihnachten denken. Unser Erinnerungsvermögen ist eng an unsere Emotionen geknüpft. In die eine wie in die andere Richtung …

Ein Phänomen ist das sogenannte »Blitzlicht-Gedächtnis«, das im Zusammenhang mit sensationellen Geschehnissen steht. So wird sich beispielsweise jeder daran erinnern, was er gerade machte, als er vom Mauerfall erfuhr. Allerdings nimmt der Wahrheitsgehalt mit zunehmender zeitlicher Distanz ab, ohne dass dies den Betreffenden bewusst ist. Eine Einschränkung stellt lediglich die Tatsache dar, dass emotional überwältigende Erlebnisse unser Gedächtnis hemmen. Menschen, die eine schwere Traumatisierung durch ein furchtbares Ereignis erfahren, können sich oft an nichts mehr erinnern.

Emotion und die Auswirkung auf unser soziales Miteinander

Emotionen sind das wichtigste Kommunikationsmittel zur Verständigung mit unseren Mitmenschen. Emotionen lassen Freundschaften entstehen und regeln unsere Beziehungen untereinander. Ein freundliches Lächeln signalisiert uns z. B.: »Ich bin dein Freund«. Ein geringschätzige Geste und ein scharfer Blick bedeuten uns »Pass lieber auf!« Ohne viel zu sagen und zu hören, können wir gut miteinander kommunizieren. Verliebte benötigen zum Beispiel wenig Worte und wissen doch, wie wichtig sie dem anderen sind und wie sehr sie geliebt werden. Das Gegenüber hat dann sozusagen Herzchen in den Augen.

Wenn ein anderer Schmerzen empfindet, so kann ein Beobachter diesen Schmerz auch mitfühlen. In unserem Gehirn sind dafür Nervenzellen verantwortlich, die man als Spiegelneuronen bezeichnet. Wenn Sie sehen, wie sich jemand mit einem Hammer auf den Daumen schlägt, dann werden Sie aller Wahrscheinlichkeit nach auch »Autsch« sagen und das Gesicht schmerzverzerrt verziehen.

Die Sprache unseres Körpers

Emotionen sind also auch die Sprache unseres Körpers. Wissenschaftler haben herausgefunden, dass Emotionsausdrücke angeboren sind, denn auch blinde Babys lächeln spontan, wenn sie die Stimme ihrer Mutter hören. Allerdings hat die Kultur, in der ein Mensch aufwächst, einen sehr großen Einfluss auf seinen Emotionsausdruck. Ein Japaner wird seine Freude nicht so überschwänglich ausdrücken wie ein Brasilianer. Dennoch gibt es grundlegend ähnliche Gesichtsausdrücke, die Menschen überall auf der Welt zeigen – sie sind die universelle Sprache unserer Emotionen. Ob nun in Papua-Neuguinea oder in Hamburg. Gerade bei Kindern lässt sich das gut beobachten, weil diesen die natürliche Mimik noch nicht »aberzogen« wurde – sie weinen, wenn sie traurig sind, und lächeln bzw. lachen, wenn sie sich freuen.

Die *nonverbale Kommunikation* spielt im sozialen Gefüge eine weitaus wichtigere Rolle als das gesprochene Wort. Das können Sie daran erkennen, dass Sie sich im Gespräch mit jemandem, der freundliche Worte zu Ihnen spricht, jedoch in seiner gesamten Gestik und Mimik ausdrückt »Ich mag dich nicht«, höchstwahrscheinlich unwohl fühlen werden. Forscher gehen davon aus, dass nonverbale Zeichen etwa 80 % der gesamten Kommunikation ausmachen, das gesprochene Wort nur 20 %.

Über die Mimik werden Emotionen also kommuniziert, deshalb spricht man auch von der Funktion der sozialen Kommunikation. Der mimische Ausdruck kann beispielsweise vor Gefahren warnen. Für unsere Urahnen war es unter Umständen überlebenswichtig, die hinter einem Gesichtsausdruck liegenden Emotionen richtig zu interpretieren, da sie bestimmte Funktionen haben. Ein gutes Beispiel dafür ist Ekel. Die typischerweise gerümpfte Nase zeigt, dass etwas sehr unangenehm ist, und kann eine Warnung sein: »Achtung, das hier ist ungenießbar oder giftig.« Wenn Gefühle verstärkt wahrgenommen werden, so hat das noch eine weitere wichtige Funktion, denn dem Körper wird gemeldet, dass es nun wirklich dringlich ist und man sofort reagieren muss! Ein weiteres Beispiel dafür ist der Gesichtsausdruck von Depressiven, die somit eine soziale Unterstützung einfordern.

Aber nicht nur das – der Gesichtsausdruck verstärkt die Emotion. Das funktioniert mit allen Emotionen – wenn Sie sich ein bisschen traurig fühlen und sich nun bemühen, sehr traurig zu schauen, dann werden sie sich richtig traurig fühlen. Ebenso schnell kommen Sie zu einem negativen Gefühl, wenn Sie den Buchstaben »f« laut aussprechen, ihn durch Ihre Lippen hinausblasen und dabei die Mimik richtig übertreiben. Sie spannen dann nämlich die gleichen Muskeln an wie bei einem verärgerten Gesichtsausdruck.

Noch besser ist dazu die folgende Übung, die sich anbietet, wenn Sie sich gut fühlen möchten.

Glückstipp: Jeden Morgen 3 Minuten lächeln

Nehmen Sie einen dünnen Stift quer in den Mund und halten Sie ihn mit Ihren Zähnen fest (nicht mit den Lippen, sonst erzielen Sie den gegenteiligen Effekt). Merken Sie es? Sie lächeln und fühlen sich ein bisschen glücklich. Wenn Sie nun an etwas Schönes oder Witziges denken, dann wird dieser Effekt noch verstärkt. Wenn Sie sich jetzt noch dabei im Spiegel betrachten, wird das die Reaktion noch mehr verstärken. Wenn Sie Ihren Glückshormonen so richtig auf die Sprünge helfen wollen, führen Sie diese Übung 3 Minuten lang durch – und kosten Sie den Effekt richtig aus! Diese Übung ist übrigens sehr beliebt bei Moderatoren.

Für ganz Schnelle

Sollten Sie einmal keinen Stift zur Hand und keine 3 Minuten Zeit haben, können Sie sich auch so gute Laune machen: Sagen Sie einfach »e« – mit dem Aussprechen dieses Buchstabens aktivieren Sie dieselben Muskeln, die auch bei einem Lächeln beteiligt sind.

Denken Sie daran, wenn Sie in die Welt hinaus lächeln, dann lächelt die Welt zurück. Auch wenn im Rahmen einer Grippe-Panik alle aus Angst vor einer Infektion mit einem Mundschutz herumlaufen, können Sie sie dennoch durch ein Lächeln »anstecken«.

Nutzen Sie das Phänomen der emotionalen Ansteckung!

> Glücksstrategie Nr. 3:
> **Bringen Sie Ihre Glücks-
> hormone in Schwung!**

Die 6 Basis-Emotionen

Auch wenn sich die Forscher über die Anzahl und Art der Basis-Emotionen nicht völlig einig sind, so lassen sich nach Meinung des amerikanischen Psychologen Paul Ekman sechs Basis-Emotionen herausfiltern, die alle ihre Berechtigung haben und aus Gründen einer guten Psychohygiene ausgelebt werden sollten (1999). Ekman gelang der Nachweis, dass es sechs universelle Gesichtsausdrücke gibt, die Basis-Emotionen also überall auf der Welt gleich zum Ausdruck gebracht werden.

Jede dieser Emotionen hat für die soziale Kommunikation eine besondere Bedeutung. Was ist ihre besondere Funktion?

Angst	versetzt den Körper sofort in Alarmbereitschaft – »Jetzt geht es ums Überleben!«
Ekel	»Achtung, hier ist etwas unangenehm – vielleicht sogar giftig! Abstand halten!«

Wut	»Du hast meine Grenze überschritten – nicht einen Schritt weiter!«
Trauer	Trost für erlittenen Verlust einfordern
Überraschung	auf neue Situation einstellen
Glück	strahlt Bereitschaft für sozialen Kontakt aus und wirkt einladend – auch für potenzielle Liebespartner

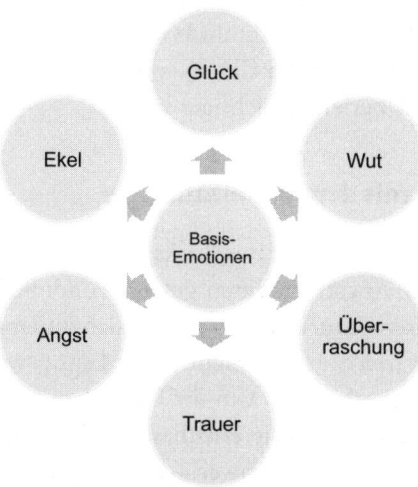

Abb. 5: Sechs Basis-Emotionen

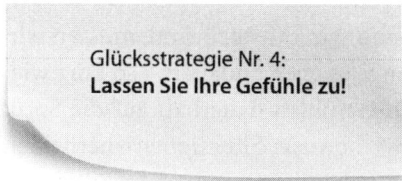

Glücksstrategie Nr. 4:
Lassen Sie Ihre Gefühle zu!

Der Neurophysiologe Duchenne hat erforscht, dass es 17 unterschiedliche Arten von Lächeln gibt (1990). Aber nur eines davon bezeichnet er als das »echte Lächeln«, bei dem der Wangenmuskel und der Augenringmuskel angespannt werden. Sie kennen das sicherlich: Wenn Sie jemand anlächelt, der Sie nicht wirklich mag, erscheint Ihnen das Lächeln etwas künstlich. Ein Lächeln, das von Herzen kommt, ist daran zu erkennen, dass die Augen mitlächeln.

Die Gesichtsmuskeln enthüllen also unsere Gefühle – ob wir wollen oder nicht. In einigen Kulturen lernen Menschen von früh auf, ihre Gefühle zu kontrollieren. Manchmal täuscht die Mimik aber nicht über den wahren Zustand hinweg.

Ein »echter« Gefühlsausdruck bleibt nur für sehr kurze Zeit. Je intensiver die Glücksgefühle sind, desto eher verflüchtigen sie sich. Interessant ist, dass Furcht und Gefühle der Bedrohung länger anhalten als die Emotion Glück – wahrscheinlich, weil sie für das biologische Überleben wichtiger sind.

Die Sache mit dem Säbelzahntiger

Dass intensive, fast rauschhafte Glücksgefühle nicht so lange andauern wie z. B. Angst, hat einen guten Grund: Stellen Sie sich einmal vor, unsere Urururahnen hätten sich zu lange glücklich gefühlt, dann wären Sie nicht mehr in der Lage gewesen, Gefahren rechtzeitig zu erkennen. Um ihr Überleben zu sichern, war es aber unabdingbar, dass sie ernsthafte Bedrohungen wie z. B. Säbelzahntiger schnell und zuverlässig wahrnehmen konnten, um sich in Sicherheit bringen zu können. Rauschhafte Glücksgefühle wären da nicht nur kontraproduktiv, sondern auch lebensbedrohlich gewesen.

Deshalb: Wenn wir glücklich sind, müssen wir dieses Gefühl auskosten, solange es eben andauert – so kurz wie es ist.

Um unseren Gefühlen dauerhaft auf die Sprünge zu helfen, können wir aber bewusst Situationen »herbeidenken«, die uns gutgetan haben. Je häufiger wir an diese Situation denken, desto schneller können wir das positive Gefühl wieder empfinden. Die Glückshormone Dopamin und Serotonin werden ausgeschüttet, und wir fühlen uns glücklicher.

Übung: Glücksmomente erinnern

Denken Sie an eine Situation, in der Sie sich richtig glücklich gefühlt haben, in der Sie am liebsten vor lauter Freude in die Luft gesprungen wären. Fühlen Sie sich nochmals in diese Situation ein und beobachten Sie dabei:

- Was haben Sie in dieser Situation gesehen?
- Was haben Sie gehört?
- Was haben Sie gefühlt?
- Ist mit dieser Situation ein bestimmter Geruch verbunden?

Geben Sie diesem Moment einen besonderen Namen. Einen Namen, der Sie sofort in diese Situation hineinträgt. Schreiben Sie diesen Namen auf ein schönes Stück Papier. Egal, ob Sie künstlerisch begabt sind oder nicht: Malen Sie doch noch ein passendes Symbol daneben.

Üben Sie jetzt wie folgt: Wenn Sie nun dieses Symbol sehen oder das Stichwort lesen, dann begeben Sie sich direkt in diesen schönen Moment voller Glücksgefühle. Spüren Sie, was Sie gespürt haben, sehen Sie, was Sie gesehen haben, hören Sie noch einmal, was Sie gehört haben, fühlen Sie, was Sie gefühlt haben und riechen Sie, was Sie gerochen haben. Genießen Sie das Glücksgefühl. Wenn Sie diesen Vorgang noch zweimal wiederholen, so werden Sie künftig schnell wieder in Kontakt mit Ihren positiven Gefühlen kommen.

»Selbst-bewusste« Menschen leben glücklicher

Wenn wir uns gezielt mit dem Thema Glück beschäftigen, so ist das der Auftakt für mehr Glück im eigenen Leben. Um nachhaltig unser Glücksniveau steigern zu können, ist es gut, wenn wir uns unserer selbst bewusst sind oder werden. Dies ist die Voraussetzung – denn wenn wir nicht wissen, was uns glücklich macht, können wir auch nicht mehr davon empfinden. Diese Frage wird Ihnen noch häufiger in diesem Buch begegnen: Wissen Sie, was Sie glücklich macht?

Anna, 32 Jahre alt, hatte gerade von ihrem Freund einen Heiratsantrag bekommen. Sie hatte bis dahin eine Bilderbuchkarriere hingelegt: Nach einem erstklassigen Abitur hatte sie das Medizinstudium mit Bestnoten absolviert und war nun seit mehreren Jahren Chefärztin an einer renommierten Klinik. Sie kam mit der Fragestellung, ob sie die ihr angebotene Stelle in einer anderen Stadt annehmen sollte. Schon beim ersten Coaching-Termin wurde erkennbar, dass sie das eigentlich wollte, es aber als unrealistisch empfand. Sie fühlte sich mit dem, was sie Tag ein Tag aus machte, nicht glücklich. Bei der Frage nach ihren Stärken musste sie passen. »Meine Eltern sind beide Ärzte, und sie finden, dass ich eine hervorragende Ärztin bin. Sie haben mir schon früh nahegelegt, Medizin zu studieren, weil ich so gut in der Schule war. ‚Unsere Anna ist so klug, die wird eines Tages auch mal Ärztin.‘ Das habe ich immer wieder gehört. Ich habe ja eine Klasse übersprungen. Sie erwarten, dass ich eines Tages die Praxis übernehme. Naja, mein Freund mag an mir meinen Ehrgeiz und schätzt meine Warmherzigkeit – er plant schon eine große Familie mit mir. Ich weiß gar nicht, ob ich das jetzt schon möchte. Er kann hier nicht weg, denn er hat sich gerade selbstständig gemacht. Meine Freundin bewundert mich für meine Geradlinigkeit und Zielstrebigkeit. Sie sagt, ich kann ihr das nicht antun und einfach wegziehen. Meine Kollegen respektieren mich für meine Fachkenntnis und den Umgang mit den Patienten. Aber ich weiß gar nicht, ob sie alle die wirkliche Anna sehen – ob sie mich überhaupt kennen. Ich kenne mich ja selber nicht. Bis jetzt habe ich immer den Wünschen meiner Eltern entsprochen. Ich wollte sie nicht enttäuschen. Mein Weg scheint irgendwie vorgezeichnet und nun läuten schon fast die Hochzeitsglocken.«

Bis zu diesem Zeitpunkt hatte sie immer den Wünschen der *anderen* entsprochen, war die liebe Anna, die kluge Anna, die erfolgreiche und die warmherzige Anna. Aber sie hatte kein eigenständiges Bild von sich selbst. Im Coaching lernte sie sich selbst und ihre Bedürfnisse, ihre Träume und Wünsche besser kennen. Sie sah sich zunehmend klarer und konnte so für sich überprüfen, welchen Weg *sie* gehen wollte. Nach der letzten Coaching-Sequenz hatte sie sich zu einer Frau entwickelt, die sehr »selbst-bewusst« war und ihr Glück in die Hand nehmen konnte. Sie nahm tatsächlich die andere Stelle an und führte mit ihrem Mann – sie hatten wie geplant geheiratet – zunächst eine Wochenend-Ehe. Nach der anfänglichen Enttäuschung akzeptierten sowohl ihr Mann als auch die Eltern ihre Entscheidung.

Manchmal definieren wir uns über die Rückmeldungen, die wir von unseren Mitmenschen über uns selbst erhalten. Das prägt dann unsere Vorstellung von uns selbst. Im Coaching erlebe ich immer wieder, wie befreiend es für die Klienten ist, wenn sie sich selbst und ihre innersten Wünsche kennenlernen.

Glücksimpuls:
Ein Herzenswunsch von mir ist ...

_____

Und was noch? _____

Und was noch? _____

Und was noch? _____

Erst wenn dieser Schritt getan ist und die Klienten sich gewissermaßen im eigenen Dasein orientiert haben, ist es ihnen möglich, weitere Schritte zu gehen. Nach diesem Schritt zum »Selbst-Bewusstsein« ergeben sich die darauffolgenden Schritte oftmals wie von allein. Wer sich seiner selbst bewusst wird und ist, kann leichter Blockaden überwinden und damit beginnen, seine Träume zu realisieren. Wer einen Blick auf sich selbst geworfen hat, schaut weiter hin und kann beginnen, zu sich zu stehen und sich zu mögen.

Den eigenen Weg zu gehen, wirkt für die meisten sehr befreiend, denn es ist ja der Weg, für den *sie* sich entschieden haben. Das befähigt auch zur Überwindung möglicher Hindernisse, denn das Ziel leuchtet und ist eben das eigene Ziel und nicht eines, mit dem andere am Ende des Weges winken.

Glücksstrategie Nr. 5:
Seien Sie selbst-bewusst!

Glückliche Menschen sind gesünder

Der heutige Stand der Wissenschaft ist da ganz eindeutig: Glücklich zu sein bedeutet gleichzeitig, gesünder zu leben. Wir wissen heute, dass es einen bedeutsamen Zusammenhang zwischen der Psyche und dem Körper gibt, denn bestimmte psychische und emotionale Zustände rufen unmittelbar körperliche Reaktionen hervor. Sich um sein Glück zu kümmern heißt, aktiv etwas für die eigene Gesunderhaltung einzusetzen – anders zwar als Joggen, Tennis spielen oder andere Sportarten, aber eben genauso wichtig. Amerikanische Forscher konnten belegen, dass glückliche Menschen mehr Energie haben, gesünder sind und länger leben. Ein guter Grund für das Glück: Ihre Gesundheit ist das Kostbarste, das Sie besitzen.

Gesundheit ist ein Prozess

Während die Psychologie früher auf psychische Krankheiten, deren Ursachen und Therapiemöglichkeiten ausgerichtet war, gibt es nun einen Paradigmenwechsel, der mehr und mehr spürbar wird. Der Fokus liegt inzwischen mehr auf dem, was Gesundheit entstehen lässt und die Gesunderhaltung ermöglicht. Das bedeutet, dass die sogenannte »salutogenetische« Sichtweise die Psychologie zunehmend beherrscht. Die Salutogenese beschäftigt sich mit der Entstehung und Erhaltung von Gesundheit. Man konzentriert sich verstärkt darauf, was ein Mensch benötigt, um in physischer und psychischer Hinsicht gesund sein zu können, und was ihm dabei hilfreich sein könnte, sein Leben erfolgreich zu meistern. Der Begründer der Salutogenese, Aaron Antonovsky, versteht Gesundheit und Gesundsein als einen Prozess, nicht als Zustand (1997) – einen Prozess, den wir selbst gestalten können, indem wir aktiv für unsere Gesundheit und Gesunderhaltung Sorge tragen und sie nicht als gegeben oder gar selbstverständlich ansehen.

Glück statt Stress

»Wichtige Dinge dürfen nie den unwichtigen untergeordnet werden.«
Johann Wolfgang von Goethe

»Oh, ich bin wieder total im Stress heute.« Fühlen Sie sich auch häufig gestresst? Wem geht das heutzutage eigentlich nicht so? Umfragen zufolge berichten 40 % aller Befragten, dass sie oft im Stress sind. Wenn Sie an Ihren Freundes- und Bekanntenkreis denken: Fallen Ihnen dann nicht auch mehr Menschen ein, die gestresst sind, als solche, die gelassen durchs Leben gehen. War Stress früher noch als typische *Manager-Krankheit* verschrien – quasi ein Privileg, denn wer richtig wichtig war, war gestresst –, so zeigt sich Stress heutzutage in allen Bevölkerungsschichten. Männer und Frauen sind betroffen, auch Jugendliche und Kinder. Selbst manche Grundschulkinder fühlen sich gestresst und leiden bereits in ihren jungen Jahren unter Schul- und Freizeitstress. Stress ist ein Alltagsphänomen, eine Folge von Leistungsdruck.

Was ist Stress? Wenn wir heutzutage von Stress sprechen, so meinen wir das negativ. Stress ist nichts Gutes. Stress macht krank. Wichtig ist aber: Stress ist subjektiv. Was der eine als Stress empfindet, kann für den anderen bedeutungslos sein.

Stress ist eigentlich erst einmal ein neutraler Ausdruck und beschreibt einen komplexen Prozess, bei dem es darum geht, bestimmte Ereignisse wahrzunehmen und zu bewerten. Wie gehen wir mit Situationen um? Wie reagiert unser Körper auf bestimmte Ereignisse? Wenn ein »Stressor« auftritt, stuft unser Gehirn diesen sofort ein, um abschätzen zu können, ob eine Bedrohung vorliegt oder nicht. Von dem Ergebnis dieser ersten Bewertung hängt dann der nächste Schritt ab: Wir entscheiden blitzschnell, ob wir die Situation bewältigen können oder nicht, ob wir gestresst sind oder nicht – sprich, welche Reaktion einzuleiten ist.

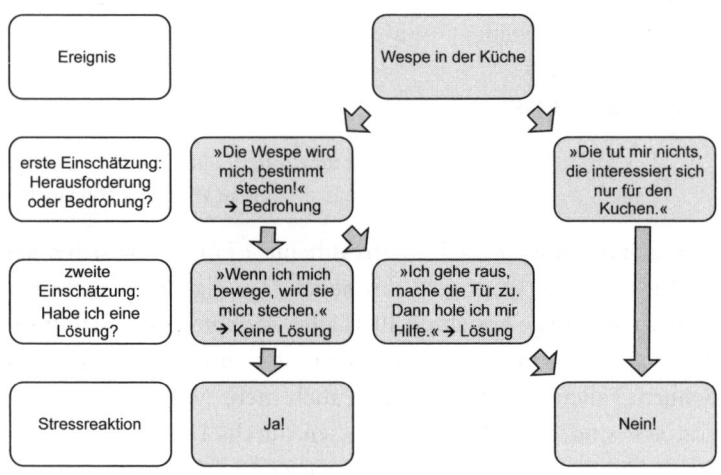

Abb. 6: Wie Stress entsteht (Stressmodell modifiziert nach Lazarus 1998)

Das heißt: Je mehr Bewältigungsstrategien zur Verfügung stehen, desto weniger werden wir unter Stress leiden. Wussten Sie, dass es zwei Arten von Stress gibt – positiven und negativen, wie Selye (1976) es formulierte? Während uns »positiver« Stress, auch Eustress genannt, beflügelt und zu Höchstleistungen anspornt, macht der auch als Distress bezeichnete »negative« Stress krank.

Eustress können wir empfinden, wenn in unserem Leben vielleicht gerade einfach viel los ist oder uns etwas besonders Schönes bevorsteht.

Anders verhält es sich mit Distress, der auf die Dauer schlichtweg krank macht. Wenn die »Stressoren«, die den negativen Stress verursachen, nicht Bestandteil unseres Alltags sind, sondern selten auftreten, dann werden die körperlichen Reaktionen nicht allzu viel Schaden anrichten. Jeder von uns kennt das: Wenn wir Lampenfieber haben oder ein sehr wichtiges Treffen ansteht, dann bekommen wir vielleicht Magenschmerzen, die uns vorübergehend beeinträchtigen. Ist das Ereignis geschafft, verschwinden die körperlichen Symptome rasch.

Eustress »positiver« Stress	• »Ich fühle mich der Situation gewachsen« • Ereignis = Herausforderung • ist eine Antriebsquelle • wirkt motivierend • mobilisiert unsere Kräfte und Kreativität
Distress »negativer« Stress	• »Ich schaffe das nicht« • Ereignis = Bedrohung oder Belastung • führt zur Überforderung • Bewirkt, dass man sich ausgeliefert fühlt • auf die Dauer krankheitsauslösend

Abb. 7: Zwei Arten von Stress

Petra joggt durch den Park wie jeden Morgen. Kurz bevor sie bei ihrem Auto angekommen ist, hört sie schon von Weitem ein lautes Bellen und sieht dann einen großen schwarzen Hund auf sich zukommen. Ihr Gehirn nimmt diesen Stressor wahr und löst Alarm aus. Durch die Adrenalinausschüttung werden alle zur Verfügung stehenden Kraftreserven für Kampf oder Flucht mobilisiert. Die Pupillen weiten sich, ihr Herz klopft bis zum Hals, sie bekommt ein flaues Gefühl im Magen, die Muskeln spannen sich an – schon sprintet sie los in Richtung Auto. Mit zitternden Händen schließt sie die Tür auf und springt hinein. Sie merkt, wie sich ihre Muskeln entspannen, ihr Atem ruhiger wird und ihr Herzschlag sich wieder normalisiert. Erst in diesem Moment wird ihr bewusst, wie viel Angst sie vor dem großen Hund hatte.

Durch die Flucht in ihr Auto konnte Petra die Situation mit dem freilaufenden Hund gut bewältigen. Hierbei handelt es sich um ein wahrscheinlich eher einmaliges Ereignis, und ihr Körper konnte angemessen reagieren. Im sicheren Auto normalisierten sich daraufhin alle Körperfunktionen.

Anders sieht das bei Hannes aus:

Hannes fährt von der Arbeit nach Hause, um sich umzuziehen, da er abends noch einen wichtigen Geschäftstermin hat. Er hat seiner Frau versprochen, auf dem Rückweg noch seinen Sohn von einem Freund abzuholen. Wie jeden Tag fühlt er sich gestresst, da die Anforderungen im Büro in der letzten Zeit überhandgenommen haben. Weil er ohnehin mal wieder in Eile ist, fährt er wegen des starken Berufsverkehrs nicht wie üblich über die Autobahn, sondern entschließt sich für einen Schleichweg. Er hat das Gefühl, gut voranzukommen, bis er zu der Bahnschranke mit einer Baustelle kommt, bei der sich der Verkehr nur quälend langsam über die Schienen bewegt.

»Auch das noch«, denkt er und versucht, ruhig zu bleiben. Als er aber bei der dritten Schrankenöffnung immer noch nicht hinüberkommt, wird er nervös. »Das wird knapp, aber ich kann es noch schaffen.« Endlich hat er die Baustelle hinter sich gebracht und trifft mit seinem Sohn ziemlich verspätet zu Hause ein. Hannes springt förmlich in seinen Anzug und düst los. Mit wehenden Fahnen trifft er mit nur 5 Minuten Verspätung bei seinem Kunden ein, der bei der Begrüßung demonstrativ auf die Uhr blickt. Hannes entschuldigt sich und versucht, seinen Fauxpas wiedergutzumachen. Als sich die Atmosphäre langsam wieder entspannt, atmet Hannes tief durch. Zum ersten Mal an diesem Abend wird ihm bewusst, wie angespannt und verkrampft er ist.

Wenn so eine stressauslösende Situation nur hin und wieder vorkommt, wird Hannes sich ihr gut gewachsen fühlen. Nehmen die Anforderungen aber stetig zu und entsteht das Gefühl, das nicht mehr gut bewältigen zu können, werden Ereignisse also dauerhaft als »stressig« bewertet, so kann das zu gesundheitlichen Schäden führen. Gehört Stress zum Alltag, ist es an der Zeit, grundlegend etwas zu verändern. Sonst werden zu viele Stresshormone ausgeschieden, die nicht abgebaut werden und das Risiko gesundheitlicher Probleme erhöhen, von Bluthochdruck und Magenproblemen über Kopf- und Rückenschmerzen bis hin zu Herzerkrankungen.

Wir können kein Leben ohne Stress führen, aber wir können lernen, gut damit umzugehen oder auf Dauer Stress zu reduzieren. Ein gutes Stressmanagement hilft uns, das, was uns Stress macht – die sogenannten Stressoren –, anders zu bewerten und dann auch leichter bewältigen zu können.

Was hätte Hannes ändern können? Da er weiß, dass die Anforderungen im Job zurzeit sehr hoch sind und dieses Geschäftsessen nicht zu verschieben ist, hätte er jemand anderen darum bitten können, seinen Sohn abzuholen. Vielleicht wäre es auch eine Alternative gewesen, Yannick nach dem Essen abzuholen oder zu klären, ob er bei seinem Freund übernachten kann. Manchmal ist es wichtig und auch richtig, »Nein« zu sagen.

Glücksimpuls:

Wenn ich nur dann »Ja« sage, wenn ich »Ja« sagen möchte, und »Nein«, wenn ich es meine, dann ...

_____

Und was noch? _____

Und was noch? _____

Und was noch? _____

Das Typische am Distress ist, dass wir das Gefühl haben, nicht anders zu können, weil uns scheinbar nichts anderes übrig bleibt. Das ist ein Irrtum! Wenn wir ohnehin gestresst sind, ist das ein guter Nährboden für noch mehr Stress in unserem Leben. Zeit für gutes Stressmanagement!

10 nützliche Tipps gegen Stress
- Entschleunigen Sie! Nehmen Sie Tempo aus Ihrem Alltag!
- Bauen Sie »Pufferzeiten« und »Auszeiten« in Ihren Terminkalender ein!
- Priorisieren Sie Ihre Aufgaben! Das Wichtigste zuerst!

- Sagen Sie doch mal »Nein«! Sagen Sie rechtzeitig »Stopp«! Wenn Sie merken, dass Ihnen alles zu viel wird, dann handeln Sie – sagen Sie Termine ab, die nicht zwingend sind.
- Ernähren Sie sich gesund!
- Treiben Sie regelmäßig Sport! Am besten 3 x pro Woche 30 min. Ausdauersport!
- Schlafen Sie ausreichend!
- Lernen Sie eine Entspannungstechnik!
- Stehen Sie dazu, dass es Ihnen im Moment zu viel wird und reden Sie offen darüber! Dann müssen Sie nicht mühsam eine Fassade aufrechterhalten und entspannen sich schon dadurch.
- Denken Sie viele positive Gedanken!

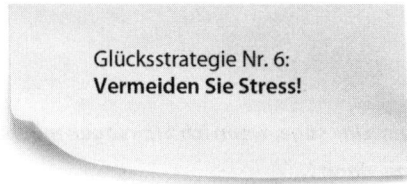

Glücksstrategie Nr. 6:
Vermeiden Sie Stress!

Glück als Prophylaxe vor Burn-out und depressiven Verstimmungen

Wenn die Atempausen zwischen chronischen Anspannungs- und Aktivierungszuständen immer kleiner werden, dann schadet uns das. Wenn Belastungen überhandnehmen und Überforderungen auf dem Tagesplan stehen, wenn wir keine Kraft mehr für Veränderungen haben, um aus diesem Kreislauf auszubrechen, dann wartet unser Körper irgendwann vergeblich auf Signale der Entwarnung. Als Folge davon werden Stresshormone nicht abgebaut, und wir bleiben im Zustand körperlicher Anspannung.

Wir können nicht dauerhaft immer Vollgas geben, das führt zwangsläufig zu Verschleißerscheinungen. Bei chronischer Belastung droht ein Burn-out, ein »Ausgebranntsein«. Unter Burn-out versteht man emotionale und auch körperliche Erschöpfung. »Ich kann nicht mehr!«, sagen Betroffene. Sie fühlen sich ständig k. o. und leiden unter Antriebs- und Leistungsschwäche. Auf die Frage, was zum Burn-out geführt hat, nennen Betroffene oft, dass sie sich selbst irgendwann auf dem Weg vergessen haben. Sie sind auf der Strecke geblieben und haben vergessen, was ihnen Freude bereitet.

Glücksimpuls:
Ich freue mich auf ...

_____

Und worauf noch? _____

Und worauf noch? _____

Und worauf noch? _____

Nicht selten endet ein Burn-out in einer depressiven Verstimmung oder einer ausgeprägten Depression – Freudlosigkeit statt Lebensfreude, Unglücklichsein statt Glücklichsein. Depressiven fehlt fast jeglicher Antrieb, und düstere Gedanken greifen Raum. Depressive Menschen sehen die Sonne nicht, ihr Wahrnehmungsfilter ist selektiv auf Regen ausgerichtet. Neueste Stimmen gehen soweit zu sagen, dass Depressionen das Gegenteil von Glück sind. Ich teile diese Auffassung, denn in einem glücklichen Leben ist unter normalen Umständen kein Platz für trübe Gedanken. Unter salutogenetischen Gesichtspunkten lässt sich sagen, dass Glück präventiv der seelischen Gesunderhaltung dient. Aber auch kurativ ist es aus therapeutischer Sicht relevant.

Glücksimpuls:
Wenn ich glücklich bin, kann ich ...

_____

Und was noch? _____

Und was noch? _____

Und was noch? _____

Täglich mit Glücksimpulsen zu arbeiten wirkt vorbeugend. Tun Sie etwas für Ihre psychische Gesundheit!

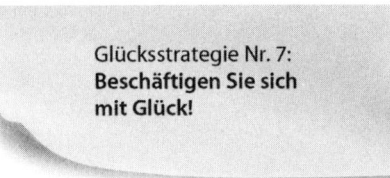

Glücksstrategie Nr. 7:
Beschäftigen Sie sich mit Glück!

Wenn wir zufrieden mit unserem Leben sind, dann haben wir das Gefühl, dass wir unser Leben im Griff haben. Sind wir glücklich, bringt uns so schnell nichts aus der Ruhe. Haben Sie sich jemals über eine rote Ampel geärgert, als Sie frisch verliebt waren? Erinnern Sie sich doch einmal an Ihren letzten Urlaub, in dem Sie sich rundum wohlgefühlt haben: Viel Platz für Stress und Ärger war da bestimmt nicht. Wenn Sie sich aber ohnehin gerade erst am Morgen mit jemandem gestritten haben, die Kollegen Ihnen quer gekommen sind und Sie es dann noch eilig haben, dann ist eine rote Ampel der Tropfen, der das Fass zum Überlaufen bringen kann. Umso besser, wenn auch Ihr Alltag glücklich ist. Je mehr glückliche Gedanken Sie denken, desto mehr Lebensfreude werden Sie empfinden!

Kein Stress mit dem Glück!

Ein kleiner Tipp noch am Rande: Auch wenn Sie in diesem Buch alles rund um das Glück finden, so liegt mir eines doch sehr am Herzen: Bitte kein Stress mit dem Glück! Sie *müssen* nicht glücklich sein, Sie *können* es, wenn Sie es *möchten*! Verfallen Sie nicht in eine Glückshysterie, sondern leben Sie Glück! Mit Freude und Knowhow! Je *selbst-bewusster* Sie sind, desto mehr wird Ihre Glückssaat aufgehen und Früchte tragen – darauf können Sie vertrauen.

Glück ist lernbar

Sie können lernen, glücklich zu sein! Für meine Studie »Glück …!« habe ich untersucht, ob Menschen mit einer positiven Lebenseinstellung glücklicher sind. Natürlich war ich über das Ergebnis, dass genau das der Fall ist, sehr erfreut.

Wie können Sie das lernen? Es ist wie mit allem, was wir neu lernen. Anfangs kostet es uns viel Konzentration, neue Herausforderungen zu bewältigen. Mit etwas Übung und zunehmender Routine gelingen sie uns mit links. Übung macht eben den Meister! Mit den Gefühlen verhält es sich ebenso.

Lernen

Es gibt ein einfaches und schönes Bild dafür, wie Sie sich den Vorgang des Lernens vorstellen können. Lernen wird oft mit dem Straßenbau in einem Dschungel verglichen. Wenn Sie zum ersten Mal von einer Sache hören oder eine neue Tätigkeit ausführen, entsteht in Ihrem Gehirn so etwas wie ein *Trampelpfad*, auf dem diese Informationen transportiert werden. Wenngleich es noch ein schmaler, kleiner Pfad ist, so ist doch die erste Verbindung zwischen zwei Punkten gelegt worden – oder anders ausgedrückt: zwischen den Nervenzellen ist eine neue Verknüpfung entstanden, der Start für ein zartes Netzwerk. Je öfter wir von dieser Sache hören oder die Tätigkeit ausführen, desto stabiler wird dieses Netzwerk, und die Informationen stehen dementsprechend schneller zur Verfügung. Es entsteht ein *Weg* für die Informationen, auf die wir schneller zurückgreifen können. Der Weg wächst zu einer *Straße*. Wenn wir neue Informationen »sicher« gelernt und verinnerlicht haben, so entspricht das einer mehrspurigen *Autobahn*. Die Informationen stehen binnen kürzester Zeit zur Verfügung, weil sie schnell »transportiert« werden können.

Sie können mithilfe von Impulsen, Strategien und Aktivitäten lernen, bewusst auf Ihr Glück zu achten und dadurch Ihr Wohlbefinden sowie die Lebenszufriedenheit steigern.

Ganz plakativ ausgedrückt: Je mehr Sie über Glück lesen, hören, sprechen und nachdenken, desto schneller ist es griffbereit und somit eher für Sie präsent. Sie können dann glückliche Gedanken schneller denken und Glück schneller empfinden.

Übung: Trinken

- Setzen Sie sich an einen Tisch und stellen Sie ein Getränk vor sich hin.
- Richten Sie nun Ihren Blick in Augenhöhe auf die gegenüberliegende Wand, sodass Sie über die Tasse bzw. das Glas hinwegschauen.
- Greifen Sie nun nach Ihrem Getränk.
- Führen Sie es zum Mund und trinken Sie einen Schluck.

Fällt Ihnen etwas auf? Sie müssen sich nicht den gesamten Bewegungsablauf bewusst machen und noch nicht einmal Ihr Getränk anschauen, um sicher dorthin greifen zu können. Der gesamte Ablauf besteht aus mehreren Aktionen:

1. Schauen, wo das Getränk steht
2. mit der Hand dorthin greifen
3. das Getränk mit der Hand hochnehmen
4. das Gefäß zum Mund führen
5. die Lippen öffnen
6. das Gefäß ansetzen
7. mit der Hand das Gefäß leicht nach oben kippen
8. die einlaufende Flüssigkeit schlucken

Solch einen komplexen Ablauf haben wir längst automatisiert, sodass wir nicht mehr darüber nachdenken müssen. Wir haben ihn »implizit« gelernt.

Wie mit Bewegungsabläufen kann das aber auch mit Wissen geschehen, das wir uns aneignen. Um das kleine Einmaleins zu beherrschen, müssen wir die einzelnen Rechenaufgaben zunächst lösen können, diese dann auswendig lernen und letzten Endes verinnerlichen. Dann beherrschen wir sie »wie aus dem Effeff«.

Trainieren Sie Glück!

Sie befinden sich ja gerade auf dem Weg dahin, denn Sie lesen dieses Buch. Es ist im Grunde genommen wie beim Sport – fast könnte man Glück mit einem Muskel vergleichen. Wenn wir einen Muskel stetig trainieren, so wird er kräftiger. So ist es auch mit dem Glück. Wenn Sie mithilfe bestimmter Strategien, Aktivitäten und Impulse trainieren und üben, dann trägt das entscheidend zu Ihrer Lebenszufriedenheit bei. Erstaunlicherweise lernen wir im Laufe unseres Lebens alles Mögliche. Wir lernen lesen, rechnen und schreiben, kochen, putzen, aufräumen. Wir lernen etwas über die Welt, über Geschichte, Politik, Naturwissenschaften und vieles mehr. Ohne Frage, das alles ist wichtig. Aber eines fehlt: Wir lernen nicht gezielt etwas über uns persönlich. Das ist äußerst erstaunlich – es ist unhaltbar! Denn wir nehmen uns ja das ganze Leben lang mit …

> Glücksstrategie Nr. 8:
> **Lernen und trainieren Sie Glück!**

Glück ist das Ergebnis einer positiven Lebenseinstellung

Je positiver Ihre Lebenseinstellung ist, desto mehr können Sie Ihre Fähigkeit steigern, Glück zu empfinden und sich nachhaltig glücklich zu fühlen. Der Weg zum Glück führt dann im wahrsten Sinne des Wortes über positives Denken und Ihre Haltung zum Leben.

Hinter den sechs Bestandteilen einer positiven Lebenseinstellung (siehe Abb. 8) verbergen sich die Glücksstrategien, die Sie sich im zweiten Teil des Buches anhand einzelner Etappen erschließen können. Wofür stehen die einzelnen Bestandteile?

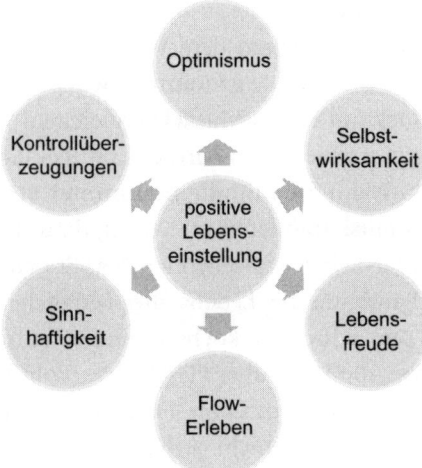

Abb. 8: Die sechs Bestandteile einer positiven Lebenseinstellung

Optimismus ist die Angewohnheit,
- die Dinge zuversichtlich zu sehen
- in schwierigen Situationen positive Ergebnisse zu erwarten
- *»Alles wird gut!«*

Selbstwirksamkeit ist die Überzeugung,
- wirksam auf sein Leben Einfluss nehmen zu können
- Ziele erreichen zu können
- *»Ich kann das aus eigener Kraft schaffen!«*

Lebensfreude ist die Bewertung
- über das eigene Wohlbefinden und die Haltung, das eigene Leben schön zu finden
- *»Ich fühle mich in meinem Leben zu Hause!«*

Flow-Erleben ist das Verschmelzen
- mit einer glatt laufenden Tätigkeit, die man trotz hoher Beanspruchung gut meistert
- *»Ich habe Raum und Zeit vergessen!«*

Sinnhaftigkeit ist das Ausmaß,
- in dem man das Leben als sinnvoll empfindet
- in dem die Anforderungen des Lebens es wert sind, Energie und Zeit zu investieren
- *»Mein Leben ist sinnvoll!«*

Kontrollüberzeugungen stehen für die Kompetenzen,
- das eigene Schicksal kontrollieren zu können
- Vertrauen in die eigenen Fähigkeiten zu haben
- *»Es liegt an mir!«*

Durch positives Denken kann die Einstellung zum Leben so gestaltet werden, dass dem eigenen Glück nichts mehr im Wege steht.

> Glücksstrategie Nr. 9:
> **Entwickeln Sie eine positive Lebenseinstellung!**

Was ist Glück?

Glück hat viele Facetten

Die Frage, was genau Glück ist, lässt sich nicht in einem Satz beantworten. Es gibt Tausende von Antworten, von denen keine richtig und keine falsch ist, denn eine eindeutige, allgemeingültige Definition gibt es nicht. Glück hat viele Facetten.

Für meine Studie habe ich mehr als 150 Männer und Frauen aller Altersstufen danach gefragt, was sie zum Thema Glück wichtig finden. Das Ergebnis waren 150 vollkommen verschiedene Antworten, sehr viele Ansichten und Aspekte. Natürlich gibt es auch Gemeinsamkeiten. Die häufigsten Nennungen hingen mit diesen drei Begriffen zusammen:

· Zufriedenheit
· Gesundheit
· Liebe

Ansonsten reichte das Antwortspektrum von schönem Wetter und Erfolge haben bis hin zu »Kleinigkeiten im Leben wahrnehmen«.

Als ich einmal ein 10-jähriges Mädchen befragte, was Glück für sie sei, meinte sie: »Glück ist ganz bunt.« Das finde ich auch – es ist eine schöne Beschreibung für etwas, von dem jeder von uns sein eigenes Bild hat. Mit anderen Worten: Glück ist das, was Sie daraus machen!

Was finden Sie zum Thema Glück wichtig? Woran denken Sie, wenn Sie das Wort Glück hören?

Glücksimpuls:

Wenn ich an Glück denke, denke ich an ...

_____

Und woran noch? _____

Und woran noch? _____

Und woran noch? _____

Glück ist nicht gleich Glück

Es gibt nicht das eine Glück, Glück hat viele Gesichter. Die Übersicht zeigt Ihnen mögliche Unterscheidungen in Bezug auf Glück, wie sie sich in meiner Studie »Glück ...!« zeigten. Glück gibt es in sehr vielen unterschiedlichen Ausprägungen. Je nachdem, wie Ihre derzeitige Lebenssituation ist, werden Sie mehrere Arten von Glücksgefühlen kennen, die Sie vielleicht ganz unterschiedlich empfinden. Glück kann für Zufriedenheit und Lebensfreude stehen. Für kleine Glücksmomente und Wohlfühlglück, das nicht vieler Worte bedarf. Glück kann für einen kranken Menschen bedeuten, schmerzfrei zu sein.

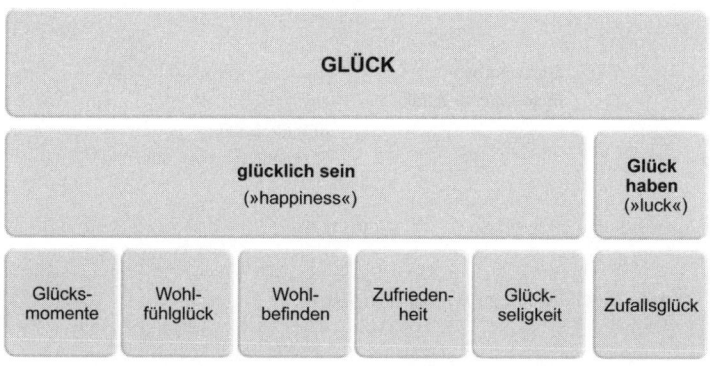

Abb. 9: Unterschiedliche Facetten von Glück

Schauen Sie sich die Übersicht einmal genauer an, die sich aus meiner Studie ergeben hat, und fragen Sie sich, woran Sie im Zusammenhang mit Glück am ehesten denken. Welche Arten von

Glück kennen Sie? Eine grobe Unterteilung lässt sich aber in jedem Fall vornehmen: Glück haben und Glücklichsein.

Wir beschäftigen uns mit dem Aspekt des Glücklichseins, da das der Teil ist, den wir bewusst lernen und trainieren können. Wenn Sie glücklich sind, wie geht es Ihnen dann? Denken Sie eher daran, wie es ist, einen schönen Moment auszukosten oder ist das eher ein tiefes Grundgefühl?

Glücksimpuls:
Wenn ich mir erlaube nachzuspüren, wie sich Glück anfühlt, dann …

_____

Und was noch? _____

Und was noch? _____

Und was noch? _____

Glück haben und Glücklichsein

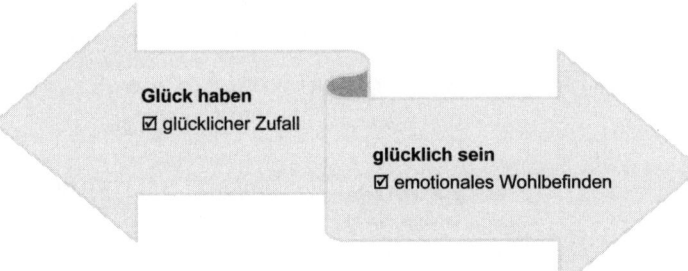

Abb. 10: Glück haben und Glücklichsein

Glück haben

Viele Menschen denken an *Glück haben*, wenn sie das Wort Glück hören. An eine glückliche Fügung des Schicksals, die sie nicht beeinflussen können. An etwas, was einfach so passiert. Die alten Griechen sprachen von »Eutychia«. Daneben kannten sie auch »Eudaimonia«, die Glückseligkeit, das Glücklichsein. Glück zu haben ist wunderbar! Wenn Sie zu einem Essen eingeladen sind, aber leider vergessen hatten, noch Blumen zu kaufen, dann kurz nach Feierabend zum gerade schließenden Blumenladen stürzen, Ihnen freundlich Einlass gewährt wird und Sie noch die letzten schönen Tulpen ergattern, dann haben Sie Glück gehabt. Überlegen Sie einmal, wann haben Sie das letzte Mal Glück gehabt?

Glücksimpuls:
Ich habe wirklich Glück gehabt, als ...

_____

Und wann noch? _____

Und wann noch? _____

Und wann noch? _____

Glücksbringer und Glückssymbole

Es gibt zahlreiche Symbole, die das Glück verkörpern, die ausdrücken sollen, dass wir jemandem besonders viel Glück wünschen für eine wichtige Situation. So sind Glücksklee, Marienkäfer und Schornsteinfeger die gängigen Glückssymbole in unserer Kultur – Glücksbringer, die das Glück bringen. Wie ein Paket, das von der Post ins Haus geliefert wird.

Welches sind Ihre persönlichen Glücksbringer und Glückssymbole? Anders als ein Paket, das jemand Ihnen schickt, haben Sie in Ihrem Leben bestimmt auch *Glücksbringer*, die das Gefühl des Glücks zu Ihnen bringen, das nur in Ihnen liegt – »*Glücks-Bringer*«. Was hat nur für Sie persönlich eine ganz besondere Bedeutung? Fertigen Sie Ihre persönliche Sammlung an, aus der Sie dann jederzeit Kraft schöpfen können.

Vielleicht denken Sie bei dem Stichwort »Glück haben« auch an Lottogewinner und Menschen, die vom Schicksal auf irgendeine Art begünstigt werden, denen quasi das Glück gebracht wurde. Schwierig wird es, wenn Sie dann die Bilanz ziehen, dass

Sie noch nie etwas gewonnen haben – vielleicht ja auch, weil Sie noch nie beim Glücksspiel mitgemacht haben … Wenn das Gefühl entsteht, kein Glückspilz zu sein, dann fühlen einige Menschen sich nicht wirklich glücklich. Aber auch wenn Sie kein Glückspilz im klassischen Sinne sind, bedeutet das nicht, dass Sie kein glücklicher Mensch sind oder sein können.

Übung: Ihre persönliche Glücks-Bringer-Sammlung

- Denken Sie an einen Menschen, eine Situation oder ein Ereignis, die Sie mit Glück verbinden – sodass Sie vor lauter Glück lächeln müssen und Freude in sich verspüren. Etwas, das Ihr Herz hüpfen lässt und Sie mit Dankbarkeit erfüllt.
- Überlegen Sie nun, welches Bild oder Symbol Ihnen dazu einfällt. Was verkörpert im wahrsten Sinne des Wortes dieses Gefühl für Sie?
- Kleine Anregung: Wenn Sie an Ihre Kinder denken, dann könnte es vielleicht eine Muschel sein, die Sie gemeinsam am Strand gefunden haben. Für andere sieht sie wie eine gewöhnliche Muschel aus, für Sie hat diese Muschel jedoch einen großen Wert. Wenn Sie an Ihre Freundin denken, mit der Sie so gern Tee trinken, dann wäre vielleicht ein Teebeutel ein gutes Symbol. Oder Sie denken an den letzten Sonnenuntergang, bei dem Sie sich so im Einklang mit sich und der Welt gefühlt haben.
- Wenn Sie nun ein Bild oder ein Symbol gefunden haben, dann kleben Sie es auf eine große Leinwand oder ein großes Blatt Papier. Vielleicht kleben Sie auch nur ein Foto davon hin, ganz wie Sie mögen. Schreiben Sie auf Ihre Leinwand: *Meine persönlichen Glücks-Bringer*.
- Erweitern Sie Ihre Sammlung nach Belieben und freuen Sie sich daran, denn Sie machen auf diese Art und Weise Ihr Glück sichtbar.

Glückspilz der besonderen Art

Ich denke da an Donald Duck, die witzige Comic-Ente im Matrosenanzug: ein Pechvogel durch und durch. Ständig tritt er in irgendwelche Farbeimer und hat gegenüber seinem Cousin Gustav Gans, der Glückspilz von Beruf ist, immer wieder das Nachsehen – egal, wie er es auch anstellt – und wird am Ende dann auch noch von seinem Onkel Dagobert zum Talerputzen verdonnert. Obwohl er wahrlich nicht vom Glück geküsst ist, ist er alles in allem doch ganz glücklich und zufrieden mit seinem Leben, und eben nicht der Pechvogel, der er auf den ersten Blick zu sein scheint. Er verfügt nämlich über die Fähigkeit, immer und immer wieder an sich zu glauben, niemals aufzugeben und sein Pech macht ihn sehr erfinderisch. Zudem hat er Familienmitglieder, die unerschütterlich zu ihm halten, für die auch er immer da ist. Egal, was kommt … Donald Duck ist glücklich, ohne Glück zu haben. Er ist der Glückspilz der etwas anderen Art …

Ein Glückspilz der etwas anderen Art können wir alle sein, wenn wir die Fähigkeit entwickeln, nicht darauf zu warten, dass das Glück vom Himmel fällt, sondern uns des Lebens zu freuen, an uns zu glauben und bewusst mit dem Schönen zufrieden zu sein, das wir in unserem Leben haben.

Der folgende Impuls kann Ihnen dazu verhelfen herauszufinden, warum Sie ein Glückspilz der etwas anderen Art sind:

Glücksimpuls:
Ich bin ein Glückspilz der etwas anderen Art, weil …

_____

Und warum noch? _____

Und warum noch? _____

Und warum noch? _____

Glücklichsein

> *»Das Glück beruht oft nur auf dem Entschluss, glücklich zu sein.«*
> Lawrence Durrell

Glücklichsein ist ein Gefühl, eine Empfindung, die nicht davon abhängig ist, ob wir Glück haben oder nicht. Es kommt von innen. Es ist eine Frage der Haltung. Glücklichsein kann man lernen! Glücklichsein ist nicht vom Zufall abhängig, sondern ist manchmal eine Frage der Entscheidung. Es gibt vielfältige Faktoren, von denen es abhängt.

Wovon hängt Ihr Entschluss, glücklich zu sein, ab? Was sind Ihre Lebensbereiche? Im Fall des sympathischen Antihelden aus Entenhausen gehören Reichtum und ständiger Erfolg definitiv nicht dazu. Wie ist das bei Ihnen? Was heißt für Sie Glücklichsein?

Glücksimpuls:

Glücklichsein heißt für mich ...

_____

Und was noch? _____

Und was noch? _____

Und was noch? _____

Glücksstrategie Nr. 10:
**Entscheiden Sie sich
bewusst für Glück!**

Von Glücksmomenten und nachhaltigem Wohlbefinden

Sich wohl und zufrieden zu fühlen, ist ein Zustand, nach dem wir alle streben. Glücklichsein ist jedoch nicht gleich Glücklichsein. Von einem kurzen Moment des Glücks bis hin zu einem Gefühl der höchsten Sinnhaftigkeit und Transzendenz.

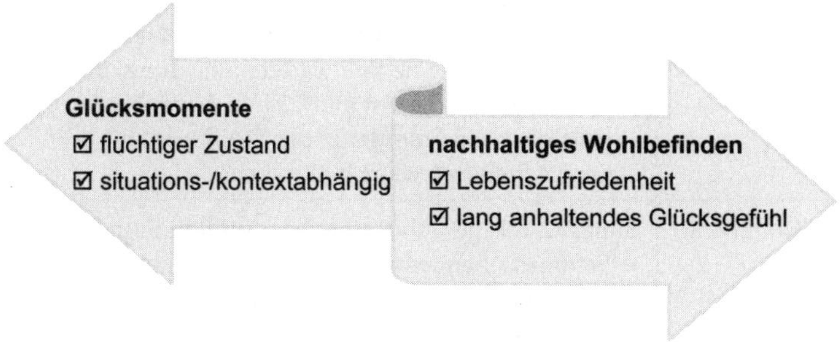

Glücksmomente
- ☑ flüchtiger Zustand
- ☑ situations-/kontextabhängig

nachhaltiges Wohlbefinden
- ☑ Lebenszufriedenheit
- ☑ lang anhaltendes Glücksgefühl

Abb. 11: Momentanes und nachhaltiges Glück

Glücklichsein hat viele Gesichter

Aber auch die eigentliche Dauer des Glücklichseins spielt eine Rolle – das reicht von kurzfristig bis nachhaltig.

☑ Das Besondere an Glücksmomenten und dem Wohlfühlglück ist, dass sie gerade durch die zeitliche Begrenzung so etwas Besonderes sind. Es sind einzigartige Augenblicke, Ereignisse oder Situationen, die wir als so wertvoll empfinden, weil wir sie entweder als unerwartet oder aber sehr kostbar einschätzen. Die Tatsache, dass sie von so kurzer Dauer sind, unterstreicht das.

☑ Wenn es um das nachhaltigere Glück geht, also um Zufriedenheit, generelles Wohlbefinden und Glückseligkeit, dann bietet sich der Vergleich mit einer Schatzkiste an. Denn nachhaltiges Glück tragen wir bereits in uns, es ist die Ressource, die wir zum Blühen bringen können – wie ein Schatz, den wir heben können.

Je nach Intensität lassen sich verschiedene Arten von Glücklichsein definieren.

Glücks-momente	flüchtiger Zustand, in dem das Herz vor Freude hüpft • Komplimente, eine unerwartete Einladung, Blumen – alles, was zu einem glücklichen Augenblick führt • »Als mich ein Fremder in der Straßenbahn angelächelt hat, war ich glücklich.«
Wohlfühl-glück	Stilles Glücksgefühl in einer bestimmten Situation • Schönes Abendessen mit Freunden, Saunaabend, schöner Ausflug ans Meer – eine rundum schöne Situation • »Das Wochenende in den Bergen war einfach gelungen.«
Zufrieden-heit	spezifische, zufriedenstellende Bestandsaufnahme des eigenen Lebens • Lebensbereiche wie Beziehung, Familie, Beruf u. ä. werden für gut befunden • »Zurzeit läuft es ganz gut für mich.«
Generelles Wohl-befinden	diffuses Gefühl des Glücks, das eine längere Zeitspanne des eigenen Lebens umfasst • Sich im eigenen Leben zu Hause fühlen, mit sich und der Welt im Reinen sein • »Ich fühle mich in meinem eigenen Leben zu Hause.«
Glück-seligkeit	Höchster Zustand des Glücks • vollkommenes Glück, das keinerlei Wünsche offen lässt • im Einklang mit sich und der Welt → Transzendenz und Sinnhaftigkeit

Abb. 12: Verschiedene Arten des Glücklichseins

So schillernd schön wie Seifenblasen

Glücksmomente haben viel mit Seifenblasen gemeinsam, vor denen wir schon als Kinder mit offenen Augen und schierer Begeisterung standen und denen wir fasziniert zugeschaut haben, wenn sie vom Spiel des Windes getrieben ihren Weg durch die Luft nahmen. Dem Zauber dieser kostbaren bunten Kugeln, die nach kurzer Zeit zerplatzen, kann sich kaum einer entziehen. Seifenblasen sind gerade deswegen so bezaubernd, weil sie nicht ewig halten. Selbst wenn sie weich landen, gehen sie kaputt. Das Gute ist, dass wir jederzeit neue Seifenblasen auf den Weg bringen können.

Glücksimpuls:

Das Schöne an einem Glücksmoment, in dem ich mich richtig glücklich fühle, ist ...

_____

Und was noch? _____

Und was noch? _____

Und was noch? _____

Übung: Glücksmomente sammeln

Sie sind Ihr eigener Glücksexperte, wenn es um Ihre persönlichen Glücksmomente geht. Denken Sie an Situationen und Momente, in denen Sie sich glücklich fühlen, in denen Sie Wohlfühlglück spüren. Wann würden Sie am liebsten vor Freude in die Luft springen? In welchen Situationen vernehmen Sie ein stilles, warmes Glücksgefühl?

Um Ihre Glückssammlung nach und nach zu komplettieren, schreiben Sie hier 3 kostbare Glücksmomente auf, die Ihnen spontan in den Sinn kommen.

3 kostbare Glücksmomente

• _____

• _____

• _____

Glücksstrategie Nr. 11:
**Kosten Sie Glücks-
momente aus!**

Nachhaltigkeit

Was trägt bei Ihnen dazu bei, dass Sie sich in Ihrem Leben nachhaltig wohlfühlen können?

Vielleicht fällt Ihnen als Erstes ein, warum Sie sich *nicht* wohlfühlen. Wir haben eine eher defizitär ausgerichtete Sichtweise. Das heißt, dass wir meistens sofort sagen können, was wir nicht so gut finden, was uns missfällt und warum es gerade nicht so gut läuft. Das ist nicht weiter tragisch, denn wir können ja umlernen, indem wir unsere Aufmerksamkeit bewusst auf das lenken, was gut und schön ist. Auch wenn Ihr Leben nicht rundum perfekt ist und glücklich verläuft – und ich könnte fast wetten, dass es so ist, oder? – dann verzagen Sie nicht: Herzlich willkommen im Leben!

In der Realität ist es so, dass wir an Herausforderungen wachsen können – wie gut, dass es welche gibt. Nur auf der Leinwand und im Fernsehen wird uns pausenlos suggeriert, dass wir perfekt sein müssen. Es geht jedoch nicht darum, das perfekte Menü zu kochen, das perfekte Outfit für das perfekte Rendezvous zu finden oder das perfekte Leben zu leben. Es geht darum, das Glück in uns zu wecken und den Blick verstärkt auf das Gute im Leben zu richten, ohne dabei den Blick für das Ganze zu verlieren. Denn bestimmt finden Sie vieles bei sich und in Ihrem Leben, das Ihnen durchaus gefällt, mit dem Sie zufrieden sind und was Sie nach einigem Überlegen auch glücklich macht.

Glücksimpuls:
An meinem Leben gefällt mir, dass ...

_____

Und was noch? _____

Und was noch? _____

Und was noch? _____

Wie geht es Ihnen, wenn Sie bewusst nach dem suchen, was Ihnen gefällt? Für den Fall, dass Sie es aufgeschrieben haben und noch mal betrachten: Wie geht es Ihnen damit? Das fühlt sich doch gut an, oder?

Betrachten Sie die positiven Aspekte und, wenn Sie mögen, dann nutzen Sie die nächste Übung dafür, wie ein Detektiv in Ihrem Gedächtnis Ausschau zu halten nach dem, was Sie nachhaltig glücklich gemacht hat.

Übung: Nachhaltige Glücklichmacher sammeln

Woran denken Sie, wenn Sie die Worte *Zufriedenheit, subjektives Wohlbefinden* und *Glückseligkeit* lesen? Sagen Sie sie einmal laut vor sich hin und hören Sie den Klang dieser Worte? Wie fühlt sich das für Sie an?

Sie können nun Ihre persönliche Glückssammlung weiter vervollständigen, indem Sie 3 »Glücklichmacher« in die folgenden Zeilen eintragen.

3 nachhaltige Glücklichmacher

- _____
- _____
- _____

Wenn es uns gelingt, uns unsere persönliche Glückssammlung anzulegen und Bewusstsein darüber zu erlangen, was uns zufrieden macht, so können wir damit dazu beitragen, dass wir nachhaltiges Wohlbefinden leben. Wenn wir uns auch das, was nach kurzer Zeit selbstverständlich für uns geworden ist, immer wieder aufs Neue vor Augen führen und dankbar dafür sind, trägt das zu einer positiven Grundstimmung bei.

> Glücksstrategie Nr. 12:
> **Lernen Sie Ihre nachhaltigen Glücklichmacher kennen!**

Einer der natürlichen Feinde nachhaltigen Glücks

Einer der natürlichen Feinde des Glücks ist die Selbstverständlichkeit. Ob Sie das auf Ihre Beziehungen, Ihre Familie, Ihren Gesundheitszustand oder Ihren Beruf beziehen, das ewige Streben nach mehr ist nicht das, was uns glücklich macht und unser Leben gelingen lässt. Dafür sorgt der »subjektive Glücksfixpunkt«, um den herum wir kreisen – so nennt ihn die amerikanische Glücksforscherin Lyubomirsky (2008). Ein kurzfristiges Ereignis lässt unseren Glückslevel ansteigen, aber das Fatale ist, dass er nach kurzer Zeit wieder von alleine auf null zurückkehrt.

Wenn wir uns unglücklich fühlen, dann sinkt unser persönlicher Glückslevel sogar unter den Nullpunkt.

Gabi hat sich sehr auf ihr neues Sofa gefreut, auf das sie seit Monaten gespart hatte. Sie hatte sogar die Wandfarbe des Wohnzimmers und neue Gardinen auf das Sofa abgestimmt. Als es schließlich angeliefert wurde, lud sie ihre Freunde zu einer kleinen »Sofa-Party« ein, um die große Freude mit ihnen zu teilen.

Doch mit der Zeit wurde sie unzufrieden, weil das neue Sofa ihrem Leben gar nicht so viel Freude wie erhofft beschert hatte. Außerdem fiel ihr auf, dass die anderen Möbel stilistisch gar nicht richtig dazu passten und das Gesamtkonzept nicht stimmig war. Das Glück war verflogen und das Sofa zur Selbstverständlichkeit geworden.

Eigentlich hatte sie durch die »Sofa-Party« das Ereignis zelebriert und sich dadurch bewusst gemacht, dass es etwas Besonderes ist. Aber sie hatte an das Sofa riesige Erwartungen geknüpft, die ein Möbelstück nun einmal nicht erfüllen kann. Mit der Zeit gewöhnt sich unser Blick an jedes noch so tolle Sofa und findet wie von selbst Dinge, die noch nicht optimal sind – es sei denn, wir steuern bewusst dagegen.

Dem können wir dadurch begegnen, dass wir lernen, nichts für selbstverständlich zu halten. Überhaupt ist dieses Phänomen besonders häufig bei materiellen Dingen zu beobachten, weil es immer noch besser, schöner und moderner geht.

Übung: Selbstverständlich oder besonders wertvoll

Überlegen Sie doch einmal, was Sie eigentlich für selbstverständlich halten. Was ist in Ihrem Leben »normal«? Um welche Beziehung müssen Sie sich gar nicht so kümmern, weil Sie selbstverständlich ist? Welche Ihrer persönlichen Eigenschaften sind so selbstverständlich, dass Sie sie kaum noch wahrnehmen?

Tragen Sie das, was Ihnen einfällt, in die linke Spalte der Tabelle ein. Nun können Sie ein Gegengewicht dadurch schaffen, dass Sie überlegen, warum es doch einen besonderen Wert für Sie hat. So sorgen Sie für Ihre »Glücksbalance«.

Dies ist eigentlich »selbstverständlich« für mich:	Der besondere Wert daran ist:

Wie bei allen anderen Übungen und Tipps können Sie diese Liste nach Belieben erweitern.

Glücksimpuls:

Weil das, was für mich selbstverständlich ist, einen besonderen Wert hat, ...

_____

Und was noch? _____

Und was noch? _____

Und was noch? _____

Gestalten, nicht warten! – Wo entsteht Glück?

»Glück ist das Bewusstsein des Wachsens.«
Alexander Lowen

Sind wir aktiv oder haben wir eine eher passive Haltung, wenn es um unsere Lebenszufriedenheit geht?

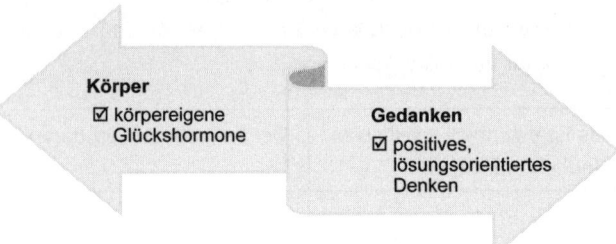

Abb. 13: Wo entsteht Glück? Im Körper oder in unseren Gedanken?

Ein älterer Teilnehmer in einem Seminar fiel mir dadurch auf, dass er so eine freundlich-glückliche Ausstrahlung hatte. Er strahlte Glück einfach aus. Nicht nur mir fiel das auf, sondern auch den anderen Teilnehmern. Durch ein Vorgespräch wusste ich, dass er im Laufe seines Lebens viele Schicksalsschläge erfahren hatte. Wie schaffte er es, dennoch so glücklich zu sein? Ich fragte ihn danach. Gab es einen bestimmten Grund für sein Verhalten? Einen Trick? Da erzählte er mir, dass er schon früher, wenn er nicht mehr ein noch aus gewusst hätte, so getan hätte, als ob er glücklich sei. Sein Motto lautete: »Tu so, als ob du bereits glücklich wärst, dann wirst du es auch sein.«

Glückstipp: Tun, als ob ...

Probieren Sie es einmal aus – es wirkt. Wenn Sie mögen, dann sagen Sie sich doch auch:

»Nur für heute tue ich so, als ob ich bereits glücklich wäre.«

Wo entsteht Glück? Im Körper? Im Gehirn? Was glauben Sie? Nun, Sie liegen in jedem Fall richtig, denn beide Antworten sind richtig! Nicht umsonst sagt man: Körperhaltung ist Geisteshaltung. Als Reaktion auf bestimmte Körperhaltungen werden im Gehirn Neurotransmitter ausgeschüttet. Das sind die sogenannten Botenstoffe, die den Informationsfluss von einer Nervenzelle zur nächsten organisieren. Insbesondere Dopamin und Serotonin sind als Glückshormone bekannt.

Abb. 14: Wechselwirkung zwischen Körper und Gedanken

In unserem Gehirn haben wir ein sogenanntes Belohnungssystem, das beispielsweise aktiviert wird, wenn wir essen. Nicht, weil es uns so gut schmeckt, sondern es dient vielmehr dazu, unser Überleben zu sichern. Wir streben nach Belohnungen und richten unser Verhalten darauf aus. Handlungen, die Belohnungen versprechen, werden deshalb bevorzugt ausgeführt. Das erklärt auch die ständige »Suche nach dem Glück« – denn die dabei ausgeschütteten Stoffe werden auch als körpereigene Drogen, endogene Opiate, bezeichnet. Bleibt diese Belohnung aus, dann kommt dies einer Art Bestrafung gleich. Umso wichtiger wird die Bedeutung der Belohnung, die uns antreibt – ein gutes Gefühl oder anders ausgedrückt: Wir fühlen uns wohl.

Die Wunderfrage

»Es gibt nur zwei Möglichkeiten, sein Leben zu leben.
Entweder so, als ob nichts ein Wunder ist.
Oder so, als ob alles ein Wunder ist.«
Albert Einstein

Eine meiner Lieblingstechniken ist die »Wunderfrage« von Steve de Shazer aus der lösungsorientierten Arbeit (2008). Dabei wird der Klient gebeten, sich vorzustellen, wie es wäre, wenn über Nacht die ausweglose Problemsituation gelöst wäre, weil ein Wunder passiert ist. Da der Klient aber geschlafen hat, weiß er nichts davon. Nun wird er gebeten zu überlegen, woran er erkennen würde, dass das Problem bereits gelöst sei. Was ist das erste kleine Zeichen? Wie könnte das Verhalten nun aussehen, da die Lösung schon da ist? Was wird dem Klienten dadurch möglich? Welche positiven Zukunftsvisionen entwickelt er? Welche Menschen würden noch bemerken, dass das Wunder geschehen ist?

Am Beispiel meines Klienten Axel möchte ich Ihnen die verblüffende Wirkung dieser Technik demonstrieren.

Axel, ein Mann mittleren Alters, der in der Blüte seines Lebens stand, wurde nach mehr als 10 Jahren in einer verantwortungsvollen Führungsposition eines Konzerns im Zuge von Umstrukturierungsmaßnahmen freigestellt. Obwohl die Zeichen vorher erkennbar gewesen waren und seine Situation zunehmend frustrierend geworden war, traf es ihn doch sehr – vor allem sein Selbstbewusstsein erlitt einen gewaltigen Dämpfer. Mutlos kam er in meine Praxis, er benötigte Unterstützung für die bevorstehende Bewerbungsphase. Zweifelsohne verfügte er über eine hohe Fachkompetenz, Erfahrung und ein gutes Gespür fürs Geschäft, aber seine gesamte Körperhaltung und auch die Mimik zeigten, wie wenig er davon überzeugt war, dass er bald einen neuen Arbeitsplatz finden könnte – mal ganz abgesehen davon, wie wenig er von sich selbst überzeugt war. Nach den ersten Absagen fühlte er sich völlig entmutigt. Zukunfts- und Existenzängste hatten sich in seinem Leben breitgemacht.

Im Coaching bat ich ihn, sich vorzustellen, dass er an dem Abend nach Hause kommen und sich schlafen legen würde.

Über Nacht würde dann ein Wunder geschehen und all das, was sich für ihn zurzeit als Problem darstellte, wäre gelöst. Doch das würde er ja noch nicht wissen können, wenn er am nächsten Morgen aufwacht.

Ich fragte ihn: »Woran merkst du als Erstes, dass das Wunder passiert ist?«

Er antwortete: »Ich stehe gut gelaunt auf.«

Ich: »Und woran merkst du es noch?«

Axel: »Ich freue mich auf den Tag.«

Ich: »Und woran noch merkst du es noch?«

Axel: »Ich bringe meiner Frau einen Kaffee ans Bett.«

Ich: »Und woran merkst du es noch?«

Axel: »Ich frühstücke entspannt mit meiner Familie.«

Danach fragte ich ihn, wer es außer ihm noch bemerken würde. Und wer noch, und wer noch, und wer noch? Sie kennen ja inzwischen die Wirkung des wiederholten Nachfragens. Ich fragte weiter, was er dann anders mache als vor dem Wunder usw.

Mithilfe der Wunderfrage gelang es Axel zum ersten Mal, positive Bilder von seiner Zukunft zu malen. Er entwickelte in der Sitzung alternative Handlungsoptionen und blühte sichtlich auf. Seine verkrampfte Mimik löste sich, seine Haltung wurde aufrechter und gerader. Ermutigt von seinen »Lösungsfantasien« konnte er nun die nächsten Schritte für sich festlegen und optimistisch vorgehen. Er fand kurze Zeit später eine neue Stelle. Im Nachhinein hatte diese Episode sich für seinen Werdegang sogar als positiv erwiesen, da sich in dem neuen Unternehmen bessere Perspektiven für ihn ergaben.

Das »Wunderbare« an dieser Technik ist im wahrsten Sinne des Wortes, dass der Fokus der Gedanken auf das positive Zukunftsgeschehen gerichtet wird. Oftmals gelingt es dem Klienten so, sich das erste Mal vom Problemverhalten zu entfernen und sich in seiner Fantasie probehalber ein neues Verhalten vorzustellen. Er wechselt auf diese Art und Weise vom Problemzustand in einen Lösungszustand, schöpft neuen Mut und kann neue Lösungswege für sich erkennen.

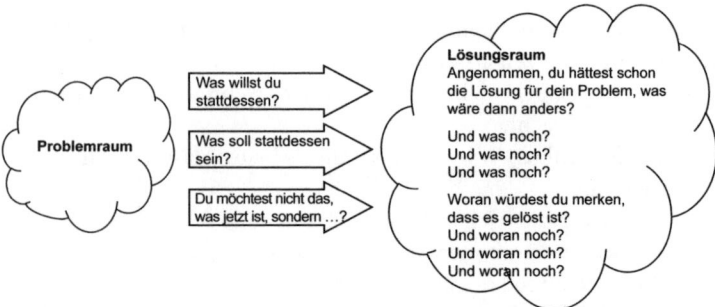

Abb. 15: Vom Problemraum in den Lösungsraum

Ich wünsche Ihnen, dass das Wunder bald den Weg zu Ihnen findet!

> Glücksstrategie Nr. 13:
> **Laden Sie das Glück durch lösungsorientierte Gedanken zu sich ein!**

Übung: Die Wunderfrage

Stellen Sie sich vor, wenn Sie heute das Buch aus der Hand legen und einschlafen, dass über Nacht auch ein Wunder zu Ihnen kommt und ein Problem, vor dem Sie stehen, gelöst wäre. Doch Sie bekommen das nicht mit, weil Sie ja tief und fest schlafen. Am nächsten Morgen wachen Sie auf:

Welches Problem wäre gelöst?

_____

Woran merken Sie, dass das Wunder passiert ist?

_____

Und woran noch? _____

Und woran noch? _____

Und woran noch? _____

Wer merkt es außer Ihnen als Nächstes noch?

_____

Und wer noch? _____

Und wer noch? _____

Und wer noch? _____

Was ermöglicht Ihnen das?

_____

Und was noch? _____

Und was noch? _____

Und was noch? _____

Sie wissen ja, dass das Wunder noch nicht passiert ist, denn noch lesen Sie in diesem Buch. Beantworten Sie nun noch diese Frage:

Angenommen, dieses Wunder würde noch einer besonderen Einladung bedürfen, damit es auch wirklich zu Ihnen kommt, was könnten Sie vorher schon tun, damit sich das Wunder in seiner vollen Wirkung entfalten kann?

Drehbuch fürs eigene Leben

Woher kommt das Glück? Von innen oder von außen? Wer ist dafür verantwortlich? Sie selbst oder andere? In diesem Abschnitt geht es um die Verantwortung, die wir für unser Lebensglück haben.

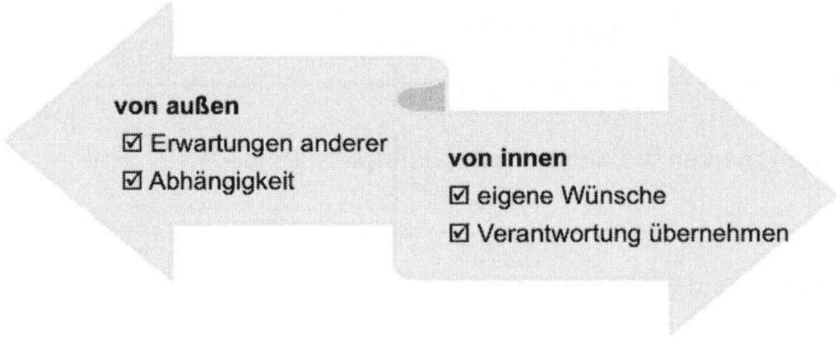

von außen
☑ Erwartungen anderer
☑ Abhängigkeit

von innen
☑ eigene Wünsche
☑ Verantwortung übernehmen

Abb. 16: Woher kommt das Glück?

Carla, eine bildhübsche junge Frau, führte eigentlich eine ganz glückliche Ehe. Sie musste sich keine finanziellen Sorgen machen, hatte gesunde, wohlgeratene Kinder und einen liebevollen Ehemann. Dennoch war sie unzufrieden. Ein großer Wunsch war nämlich noch unerfüllt: ein Hund, genauer gesagt ein Golden Retriever, denn diese Hunde hatten ihr schon immer sehr am Herzen gelegen. Sie träumte davon, »ihren« Hund zu einem Therapiehund auszubilden, um damit Kinder bei ihrer Therapie unterstützen zu können. Ich fragte sie, wann sie diesen Traum verwirklichen wollte. Sie erwiderte, dass es wohl nie dazu kommen würde. Erstaunt fragte ich nach. Ich erfuhr, dass sie nicht mehr mit ihrem Mann sprach – so enttäuscht war sie von ihm. Sie erklärte mir, dass ihr Mann ihrer Ansicht nach wissen müsste, wie sehr sie sich einen Hund wünschte. Wenn er sie liebte, würde er doch jeden Wunsch von ihren Lippen ablesen. Ich war verblüfft und fragte sie, ob sie ihrem Mann denn jeden Wunsch von den Lippen ablesen könnte. Verwundert verneinte sie. In diesem Moment wurde ihr bewusst, dass sie etwas Unmögliches von ihrem Mann erwartet hatte – sie hatte gewartet, bis das Glück von außen an sie herangetragen wird. Nun konnte sie erkennen, welche Gestaltungsmöglichkeiten sie hatte, und ihr Glück selbst in die Hand nehmen.

Oft verharren wir in einer Erwartungshaltung, die eigentlich nur zu Enttäuschungen führen kann. Diese Erwartungshaltung kann uns lähmen und handlungsunfähig machen. Die Erwartung, dass andere von außen für unsere Lebenszufriedenheit, die Erfüllung unserer Träume sowie das Erreichen unserer Ziele zuständig sind, führt auf die Dauer auch zu einer Form von Hilflosigkeit. Der »locus of control«, auch Kontrollüberzeugung genannt, liegt nicht in unserem Bereich, sondern außerhalb unserer Möglichkeiten. Wir haben das Gefühl, keine Kontrolle zu haben. Die Folge davon ist häufig das Gefühl von Enttäuschung, was sehr desillusionierend wirkt. Dem können wir entgegentreten, indem wir die Verantwortung für unser Glück in die Hand nehmen.

Glücksimpuls:
Weil ich für meine Wünsche Verantwortung übernehme, ...

_____

Und was noch? _____

Und was noch? _____

Und was noch? _____

Manchmal schmunzle ich noch heute über einen ungewöhnlichen Dialog in einem meiner Seminare. Ich hatte die Teilnehmer gebeten, mit den Glückskarten aus dem Kartenset »Mein Glück und ich ...« (Edition mit dem Glücksengel, Engelmann 2009) zu arbeiten, auf denen Glücksimpulse stehen. Normalerweise herrscht in den Seminaren dann eine besonders schöne Atmosphäre. Umso verwunderter war ich, als in einer Kleingruppe eine streitähnliche Diskussion entbrannte. Ich hörte, wie eine Teilnehmerin, die die Karte mit dem oben genannten Glücksimpuls in ihrer Hand hielt, fast schon empört fragte: »Wieso denn ich?« Ein anderer aus ihrer Gruppe sagte: »Na, gerade du! *Du* bist doch für dein Glück verantwortlich.« Dem war wirklich nichts mehr hinzuzufügen. Es erfreute mich, in der anschließenden Präsentation wahrzunehmen, dass die Teilnehmerin erleichtert darüber wirkte, dass der Ball sozusagen in ihrem Feld lag, sie somit für ihr Glück verantwortlich war und es auch beeinflussen konnte.

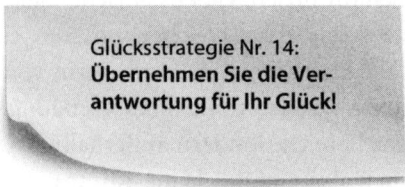

Glücksstrategie Nr. 14:
Übernehmen Sie die Verantwortung für Ihr Glück!

Glück ist ein aktiver Prozess

> »Das Glück kann man nicht zwingen,
> aber man kann es wenigstens einladen.«
> Attila Hörbiger

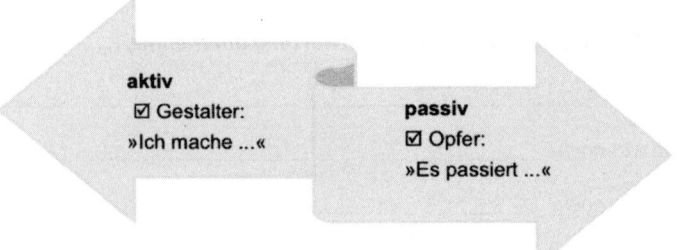

aktiv
☑ Gestalter:
»Ich mache ...«

passiv
☑ Opfer:
»Es passiert ...«

Abb. 17: Aktiv oder passiv?

Noch ein guter Grund, sich mit Glück zu befassen, ist die Tatsache, dass Glück eine Frage der Haltung ist. Es ist ein aktiver Prozess, den es lebenslang zu gestalten gilt. Es ist ein großes Projekt – und die lohnendste Arbeit, die Sie jemals tun werden. Denn das Glück fällt nicht einfach vom Himmel, ist dann da und bleibt bei uns. Wir können es jedoch zu uns einladen. Ein kluger Dichter hat einmal gesagt, dass wir das Glück nicht suchen, sondern finden sollen. Das stimmt. Aber wo? Was genau möchten wir denn finden?

Es gibt eine wichtige Antwort, warum diese Frage so wichtig ist: Weil wir es in der Hand haben, unser Leben glücklich zu gestalten und glücklich von innen heraus zu leben. Doch nur, wenn wir wissen, was wir dafür benötigen, ist das auch möglich. Das finde ich so beruhigend: Wir sind nicht Opfer, sondern Gestalter!

Schreiben Sie Ihr Drehbuch! Jetzt!

Erinnern Sie sich an die »Bank an der Nordsee«-Übung und den »Film meines Lebens« im ersten Kapitel?

Stellen Sie sich vor, Sie schreiben nun das Drehbuch für Ihr Leben – wie soll es ab jetzt weitergehen? Das ist natürlich eine sehr weitgreifende Frage, die Sie vielleicht etwas einschüchtert. Es gibt einen kleinen Kniff, wie die Beantwortung etwas leichter wird. Dafür ist ein Zeitsprung erforderlich.

Ich selbst hatte mit Ende 30 den Traum, Psychologin zu werden. Eine Erfahrung zu Beginn des Studiums wurde mir zu einer echten Motivationsquelle: In einer Vorlesung gab der Professor uns die Aufgabe, in den nächsten zehn Minuten nur für uns selber eine Vision zu entwickeln: »Wo möchten Sie in 5 oder 10 Jahren sein? Wie wird ein typischer Tag dann aussehen? Stellen Sie sich das vor und überlegen Sie, wie es sein wird.«

Ich ließ ich mich voll und ganz auf die Aufgabenstellung ein und versetzte mich gedanklich in die Zukunft. Und während ich die anderen um mich herum vergaß, spielte sich vor meinem inneren Auge tatsächlich ein wunderschöner, realistischer Film mit bunten Bildern und Musik ab. In dem Film tauchte immer wieder ein kleines Messingschild mit der Aufschrift »Bea Engelmann – Diplom-Psychologin« auf. Nachdem ich meine Visionen auch noch vor allen Anwesenden offen beschreiben sollte, merkte ich, dass ich etwas für mich geklärt hatte. Ich hatte meinen Film gedreht, mein Türschild vor Augen und nun wusste jeder um mich herum Bescheid. Von diesem Moment an würde ich mich nicht verstecken müssen, sondern konnte klar mein Ziel verfolgen.

Diese Übung hatte mir dazu verholfen, dass ich »mein Türschild« klar und deutlich sah. Und dieses Bild blieb – bis heute, da das Schild an unserer Tür hängt – all die Jahre mein »Zug zum Ziel«, meine Motivation und Kraftquelle.

Für diese Erfahrung bin ich sehr dankbar und möchte sie gern weitergeben. Ich lade Sie zum Träumen ein! Träumen Sie richtig – trauen Sie sich! Es hören ja nicht 150 Menschen um Sie herum zu, sondern es ist nur für Sie. Mein Lebensmotto ist angelehnt an das Motto von Walt Disney: Alles, was ich träumen kann, kann ich auch erleben und erreichen, wobei die Träume natürlich nicht völlig außerhalb unserer Möglichkeiten liegen sollten. Ich könnte so lange, wie ich wollte, davon träumen, dass ich ein internationales Topmodel werde … Aber vieles alles andere ist möglich. Deshalb träume ich auch immer weiter …

Glücksimpuls Nr. 20:
Wenn ich träume, …

_____

Und was noch? _____

Und was noch? _____

Und was noch? _____

Und noch ein kleiner Tipp: Nutzen Sie den Platz und beschreiben Sie alle Zeilen. Wenn Sie dann nach einigen Tagen oder Wochen einen anderen Traum haben, so nehmen Sie sich ruhig ein neues Blatt Papier und notieren Sie ihn dort. Wenn wir Dinge zu Papier bringen, so visualisieren wir sie stärker, und sie werden realer.

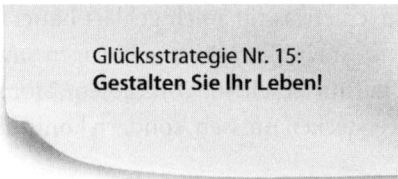

Glücksstrategie Nr. 15:
Gestalten Sie Ihr Leben!

Übung: Wo möchte ich in 5 Jahren sein?

Wo möchten Sie in 5 Jahren sein? Wie wird ein typischer Tag dann aussehen? Wie werden Sie dann aussehen? Wem werden Sie an diesem Tag in 5 Jahren begegnen? Was werden Sie an diesem Tag tun?

In 5 Jahren möchte ich

_____

_____

_____

_____

Sprechen Sie mit anderen darüber! Erzählen Sie von Ihrem Traum, denn so wird er lebendiger und nimmt immer mehr Gestalt an. Vielleicht können andere Sie dabei unterstützen, Ihren Traum Wirklichkeit werden zu lassen.

Notieren Sie nun die 3 wichtigsten Stichworte im Zusammenhang mit Ihrem Traum. Gestalten Sie Ihr persönliches Schild:

Stichworte für meinen Traum:

_____

_____

_____

Die Formel für Glück

Ja, es gibt sie: die Formel für Glück, oder besser gesagt: für das nachhaltige Glücksniveau. Nachhaltiges Glück – was können wir dafür tun? Hängt es von den Genen ab, ob wir eher glückliche, zufriedene Menschen sind? Welchen Anteil hat unsere Umwelt, unser Umfeld, in dem wir uns tagtäglich bewegen? Was liegt in unseren Möglichkeiten?

Das Glücksniveau

Nach Ansicht der amerikanischen Glücksforscherin Lyubomirsky ist es möglich, dass jeder von uns seinen eigenen Beitrag dazu leisten kann, dauerhaft glücklicher zu werden. Während die

Wissenschaftler noch vor einiger Zeit annahmen, dass Glücksgewinn nichts Dauerhaftes sein kann, wissen wir heute, dass sich das nachhaltige Glücksniveau steigern lässt. Auch meine Studie zeigte, dass viele ältere Menschen genau wissen, was sie in ihrem Leben dauerhaft hat glücklich sein lassen.

Seligman, der Vorreiter der Positiven Psychologie, vertritt die Auffassung, dass sich das Glücksniveau in die Aspekte *momentan* und *nachhaltig* aufteilt, wobei die Dauer und die schnelle Verfügbarkeit wesentliche Unterscheidungsmerkmale sind (2002).

Flüchtige Glückszustände, die auf einfache Weise durch eine Reihe von Glücklichmachern gesteigert werden können, werden *momentanes Glück* genannt. Sie können die Anzahl »vergänglicher Glücksepisoden«, wie Seligman sie bezeichnet, mühelos erhöhen. Hierfür sind Sie Ihr eigener Experte. Charakteristischer Weise währt das momentane Glücksniveau nur kurz, sodass es nicht dauerhaft gesteigert werden kann. Selbst eine nahezu endlose Aneinanderreihung flüchtiger Glücksmomente wird nicht dazu führen, dass Sie nachhaltig glücklich sind; immerhin führt sie jedoch zweifelsfrei dazu, dass Sie viele glückliche Augenblicke erleben.

Das *nachhaltige Glücksniveau* ist von anhaltender und beständiger Natur, eine Art Persönlichkeitsmerkmal, und umfasst das, was ein Mensch dauerhaft in seinem Leben erreichen kann. Daran können wir mit Glücksstrategien aktiv arbeiten.

Die Formel für Glück

Eine mathematische Formel für Glück? Kann es das wirklich geben? Und überhaupt, was hat Glück mit Mathematik zu tun, werden Sie sich jetzt vielleicht fragen. Einer der Begründer der Positiven Psychologie, Martin Seligmann, hat diese Formel aufgestellt.

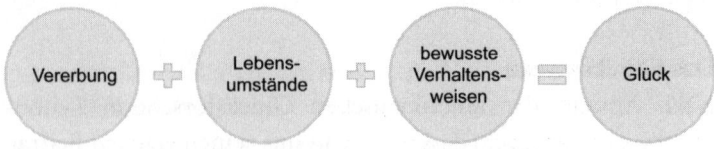

Abb. 18: Modifizierte Glücksformel nach Seligman

Was bedeutet diese mathematische Formel? Sie zeigt, dass sich unser dauerhaftes Glücksempfinden aus unseren Genen, den Lebensumständen und unserem bewussten Verhalten ableitet.

Formel für Glück: V + L + bV = G

V steht für Vererbung und entspricht dem genetisch bedingten Bereich erreichbaren Glücks – die sog. »vererbte Bandbreite«

L beinhaltet die Lebensumstände: gesund oder krank, verheiratet oder geschieden, arm oder reich, hübsch oder hässlich, oder was auch immer …

bV steht für bewusste Verhaltensweisen, die wir mit unserem Willen kontrollieren

G ist das nachhaltige Glücksniveau

Doch in welchem Ausmaß schlagen die drei Faktoren zu Buche? Die Glücksforscherin Lyubomirsky hat in Studien nachweisen können, dass die drei Faktoren wie folgt verteilt sind: 50 %, 40 % und 10 %.

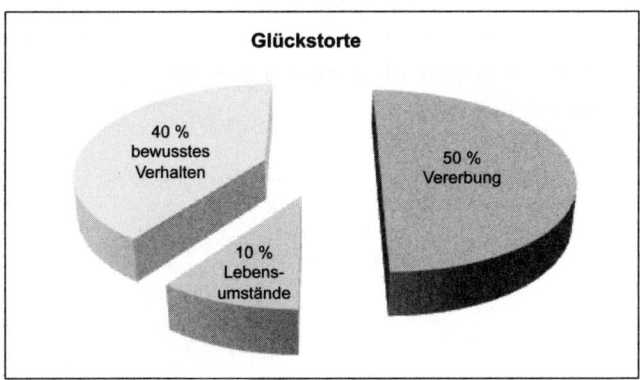

Abb. 19: Die »Glückstorte«

In meinen Seminaren und Vorträgen bitte ich die Teilnehmer um eine Einschätzung dazu, wie sich diese Anteile auf die einzelnen Faktoren verteilen: die Gene, die Lebensumstände und unser bewusstes Verhalten. Die Reaktionen sind sehr interessant: Wenn ich dann auflöse, dass 50 % in unseren Genen liegen, 10 %

durch die Lebensumstände und 40 % durch unsere bewussten Verhaltensweisen bedingt sind, ist das Erstaunen oft groß. Meistens können weibliche Teilnehmerinnen kaum glauben, dass die Lebensumstände nur zu so einem kleinen Teil zum Glück beitragen, suggerieren uns Werbung und Medien doch pausenlos etwas anderes. Sie sind dann oftmals erleichtert darüber, weil es den Druck von ihnen nimmt. Ob wir ein eher sonniges Naturell mitbekommen haben oder aber von Haus aus eher »Trübsal blasen«, ist uns also zu 50 % in die Wiege gelegt. Die Lebensumstände und damit auch das Umfeld, in dem wir uns bewegen, machen aber nur 10 % aus. Das bedeutet, dass 40 % des nachhaltigen Glücksniveaus von den Genen und äußeren Umständen unbeeinflusst und vom eigenen Willen abhängig sind.

Der Schlüssel zu Ihrem Glück sind Sie!
40 % liegen in unserer Hand – nutzen wir sie! Dieser große Anteil verdeutlicht das Potenzial und den Handlungsspielraum, der jedem von uns zur Verfügung steht, das Glück durch eigenes Zutun zu beeinflussen. Allerdings ist eine nachhaltige Verbesserung des Glücksniveaus nicht ohne Anstrengung und eine Verhaltensänderung möglich.

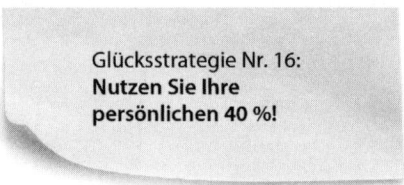

Glücksstrategie Nr. 16:
**Nutzen Sie Ihre
persönlichen 40 %!**

Ich bin immer wieder davon berührt, wie viel neuen Mut Menschen schöpfen, wenn sie erfahren, dass sie selber so einen großen Einfluss nehmen können.

Die Aufwärtsspirale
Um das Maß an positiven Gedanken und Emotionen zu steigern, um etwas für unser Glück zu tun und uns nachhaltig besser zu fühlen, können wir proaktiv das Leben gestalten.

Glückstipp: Ich nutze meine persönlichen 40 %

Eines Tages wurde ich als Referentin für eine große Veranstaltung gebucht, bei der ich einen Vortrag vor etwa 250 Menschen halten sollte. Bei so einer großen Zuhörerschaft besteht die besondere Herausforderung darin, jeden einzelnen zu erreichen und dabei gleichermaßen alle mitzunehmen. Ich hatte ein ganz gutes Gefühl und wollte mich auf den Heimweg machen, als eine Dame um die 60 auf mich zukam. Sie erzählte mir von ihrem Mann, der unter depressiven Verstimmungen litt, die zunehmend stärker sein Leben und damit auch das ihre beeinträchtigten. Doch dann strahlte sie mich an und sagte: »Danke, dass Sie das von den 40 % erzählt haben. Davon werde ich gleich meinem Mann berichten. Wir hatten uns schon mit seiner Verfassung abgefunden, weil wir dachten, dass das nun einmal in der Familie liegt und er da sowieso nichts gegen unternehmen kann. Schicksal eben! Aber nun weiß ich ja, dass nur 50 % vererbt sind und die 40 %, die können wir nutzen, vielen Dank!« Während des Vortrags waren die kleinen Karten verteilt worden, die ich jedem Seminarteilnehmer und jedem Zuhörer schenke. Die Frau hielt die Karte fest in ihrer Hand und fragte, ob ich noch so eine für sie hätte. Die würde sie nämlich gern ihrem Mann geben. »Was ich auf meine Karte schreibe, weiß ich schon ...«

Proaktivität bedeutet, die Initiative zu ergreifen und das Leben aktiv zu gestalten, statt nur zu reagieren. Der Begriff steht für die Unterbrechung des Reiz-Reaktion-Schemas, betont die Wahlfreiheit des eigenen selbstbestimmten Handelns, das dadurch gekennzeichnet ist, dass man Verantwortung für sich und sein Leben übernimmt – nicht re-aktiv, sondern pro-aktiv.

So setzen wir eine Aufwärtsspirale in Gang, denn wenn wir bewusst darauf achten, unser Leben proaktiv zu gestalten, fällt es uns zunehmend leichter. Vor dem Handeln kommt jedoch das Denken.

Wie sprechen Sie mit sich?

Überlegen Sie doch einmal, wie Sie mit sich sprechen. Wie gestalten Sie Ihren inneren Dialog? Setzen Sie sich selbst unter Druck oder sind Sie großzügig und wohlwollend mit sich? Gehört »Ach nee, das ist mal wieder typisch für mich, ich bin echt zu blöd dazu« zu Ihrem Repertoire oder sind Sie freundlich mit sich: »Nicht schlimm, das kann jedem mal passieren, sonst mache ich das ja echt schon ganz gut«?

Wie sprechen Sie mit sich, wenn Sie sich motivieren wollen? Angenommen, Sie haben sich vorgenommen, seit Monaten nun endlich den Keller aufzuräumen. Überprüfen Sie die Wirkung der beiden Varianten:

- »Heute ist ein guter Keller-Tag, dann will ich mich jetzt mal daranmachen. Wenn ich will, kann ich schnell Struktur in den Keller bringen, und zur Belohnung treffe ich mich nachher mit Freunden in dem neuen Restaurant um die Ecke.«
- »Oh nee, heute muss ich wirklich runter in den Keller. Selbst schuld, wieso habe ich das nicht schon längst erledigt, diesen ollen Keller aufzuräumen.«

Geht es Ihnen auch so, dass Sie sich bei Variante 1 motiviert und bei Variante 2 eher bleischwer fühlen? Viel zu schwer, um den nötigen Schwung aufzubringen?

So ist das mit dem Wort »muss« – es wirkt eher erdrückend und lähmend, statt motivierend. Neulich war ich wirklich sehr verwundert, als mir eine Freundin erzählte, dass sie heute Abend »ins Theater gehen muss«, zusätzlich »muss ich noch Nele treffen, die habe ich seit einer Ewigkeit nicht gesehen«, erzählte sie mir. Ich fragte nach, ob sie sich denn gar nicht freuen würde. »Doch, doch, muss ja!« Nein, muss sie nicht. Sie hat sich dafür entschieden. Vielleicht hat sie sich zu viel vorgenommen, das mag sein; so oder so bleibt festzuhalten, dass sie die Wahl hatte und diese auch getroffen hat. Diese Aneinanderkettung von »muss« nimmt unseren Planungen und Vorhaben schon im Ansatz jeglichen Anschein von Freiwilligkeit, sogar vor uns selbst.

Wenn wir uns dessen bewusst sind, können wir von dem reaktiven Muster zu einem pro-aktiven wechseln. Probieren Sie einmal aus, was das für eine positive Wirkung hat.

Glückstipp: Denken Sie »pro-aktiv«

reaktiv	proaktiv
Ich muss ...	Ich entscheide mich für ...
Das kann ich nicht ...	Das möchte ich lernen. Ich werde jemanden fragen.
Das ist nun mal so. Da kann ich auch nichts machen.	Ich überlege, welche Alternativen ich finden kann.
Das macht mich so sauer.	*Ich* entscheide, wie ich mich fühle.
Dafür habe ich keine Zeit!	Dafür nehme ich mir keine Zeit!
Immer bleibt das an mir hängen.	Wenn ich möchte, dann werde ich das tun.

Wenn Sie proaktiv denken, ist für fremdbestimmtes Verhalten kein Platz mehr, da Sie selbstbestimmt agieren können – Sie haben die Wahl.

Das Gefühl, selbst entscheiden zu können, setzt eine Aufwärtsspirale in Gang. Je mehr positive Erfahrungen Sie mit einer positiven, ermunternden und selbstbestimmten Denkweise sammeln können, desto eher werden Sie sich ermutigt fühlen, weiterhin so zu denken. Erste Erfolge mit einer proaktiven Einstellung inspirieren zu mehr. Achten Sie doch einmal im Gespräch mit anderen darauf, wie oft reaktive Denkmuster Einzug halten. Freuen Sie sich jedes Mal, wenn es Ihnen auffällt.

Glücksstrategie Nr. 17:
Denken Sie proaktiv!

Teil II: Die Reise zum Glück

»Das Glück muss entlang der Straße gefunden werden,
nicht am Ende des Wegs.«
David Dunn

Nach Ihrem Ausflug in die Positive Psychologie und die Glücksforschung haben Sie nun die Reisevorbereitungen für Ihre Reise
zum Glück getätigt. Wenden wir uns nun der Reise selbst zu.
Sie werden Etappe für Etappe Ihren Weg zum Glück gehen.
Ich möchte Sie gern nochmals ermutigen, diese Reise in Ihrem
Tempo zu gestalten – wandern Sie gemächlich oder gehen Sie
schnellen Schrittes? Die Reise lädt Sie zur Selbstreflexion ein und
wird am Ende dazu führen, dass Sie Ihre Ressourcen als Kraft-
quellen erkennen und sinnvoll nutzen und einsetzen können,
um somit Raum zur persönlichen Entfaltung zu gewinnen.

Bedenken Sie, dass jede Etappe Sie dazu befähigen wird, die
Reise zu Ihrer ganz persönlichen Reise zu gestalten – ihre Reise,
für die Sie alles für Sie Nötige packen. Ihre Reise, die es Ihnen
erlaubt, sich zu orientieren und neue Wege zu gehen. Aufzubrechen, wann immer es für Sie richtig ist – Stück für Stück, Etappe
für Etappe.

Glückstipp: Machen Sie das Buch zu *Ihrem* Buch!

Je aktiver Sie die Übungen, Tipps und Impulse für sich nutzen, desto
mehr profitieren Sie von *Ihrem* Buch! Schreiben Sie Ihre Gedanken
und Ideen spontan auf! Denn ob Sie Dinge nur denken oder sie
aufschreiben, ist ein riesengroßer Unterschied. Zögern Sie nicht,
sondern freuen Sie sich darauf, wie sehr Ihnen das bei diesem
Reiseabschnitt behilflich sein wird. Es ist insbesondere für diesen
Abschnitt so hilfreich, wenn Sie sich trauen, in *Ihr* Buch hineinzuschreiben!

Standortbestimmung –
»Selbst-Bewusstsein«

Wenn Sie sich Ihren Lebensweg als eine Linie vorstellen, so markiert Ihr derzeitiger Standort Ihr jetziges Lebensalter, das Hier und Jetzt. Da stehen Sie nun und machen eine Standortbestimmung. Die Wegstrecke, die Sie bereits hinter sich gebracht haben, ist Ihre Vergangenheit mit allem, was Sie ausmacht: Ihre Kindheit, Ihre Schulzeit, Ihre Jugend, Ihre Ausbildung, erste Berufsjahre – wenn Sie schon älter sind, dann viele Berufsjahre –, Ihre Familie, Ihre Freunde, Ihre erste Liebe, Ihr erster Liebeskummer, Ihre Reisen, Ihre Träume, Wünsche, Erfahrungen, Erlebnisse, Erinnerungen und Pläne, die Sie bis heute gehabt haben.

Und jetzt? Wie wird es für Sie weitergehen? Wohin wird Ihr Weg Sie führen? Welche Entscheidungen werden Sie treffen?

Vor wichtigen Entscheidungen ist eine Standortbestimmung angesagt, also eine Reflexion des Vergangenen, eine Würdigung des Erreichten und Durchleuchten der aktuellen Situation gehören ebenso dazu wie das Erkennen von Ressourcen, Potenzialen und Motiven. So gewinnen Sie ein solides Fundament für Ihre persönliche Weiterentwicklung und die erfolgreiche Umsetzung Ihrer Zukunftspläne. Die wichtigste Voraussetzung dafür ist, dass Sie wissen, wo Sie stehen, denn sonst können Sie nicht wissen, welche Richtung Sie einschlagen wollen.

> Glücksstrategie Nr. 18:
> **Führen Sie eine Standortbestimmung durch und ziehen Sie Bilanz!**

Für Ihre persönliche Reise zum Glück ist es sehr sinnvoll, wenn Sie sich der einzelnen Teilentscheidungen bewusst werden. Das bedeutet nicht, dass Sie nicht intuitiv, also aus dem Bauch heraus, entscheiden können. Ganz im Gegenteil. Überlegen Sie, welche Faktoren es neben der Intuition noch gibt, die eine umfassende, persönliche Standortbestimmung ermöglichen.

Einflussfaktoren einer Standortbestimmung

Um »Selbst-Bewusstsein« zu erlangen und um sich selbst identifizieren zu können, sollten Sie mehr über die unterschiedlichen Einflussfaktoren wissen. Je klarer Sie sie erkennen und benennen können, desto präziser und hilfreicher wird Ihre persönliche Standortbestimmung ausfallen.

Glücksimpuls:
Damit ich weiß, wo ich stehe, kann ich ...

_____

Und was noch? _____

Und was noch? _____

Und was noch? _____

Wer bin ich?

Wissen Sie, wer Sie sind? Wie geht es Ihnen mit dieser Frage? Mit welchen Gefühlen machen Sie sich auf den Weg zu Ihrer Identität? Sind Sie neugierig auf sich? Empfinden Sie Vorfreude? Im Coaching habe ich die Erfahrung gemacht, dass mehr als die Hälfte aller Klienten Angst davor hat, »sich selbst zu begegnen«, und zwar, weil Sie nicht genau wissen, was sie erwartet. Manchen Klienten geht es dann so wie einigen Leuten, die wegen Zahnschmerzen zum Zahnarzt gehen. Kaum sitzen sie auf dem Zahnarztstuhl, sind die Schmerzen weg, und Sie fragen sich, warum Sie überhaupt zum Zahnarzt gegangen sind. Kennen Sie das auch?

Tom, ein gut aussehender Mittdreißiger, saß während unseres »Kennenlerngesprächs« ganz aufgeregt vor mir. Er schien sich nicht sehr wohlzufühlen, spielte nervös an seiner Krawatte und wirkte sichtlich unkonzentriert. »Ich bin aufgrund einer Empfehlung zu Ihnen gekommen, da ich vor einiger Zeit nicht mehr weiterwusste, aber nun weiß ich gar nicht, was ich hier soll. Es ist alles in Ordnung. Ich brauche gar kein Coaching mehr, ehrlich, ich habe alles geregelt. Ich wollte nur nicht so kurzfristig absagen«, stammelte er tapfer. Ich nickte. Dann versuchte er es mit Humor: »Naja, dann können wir uns ja einfach mal so kennenlernen.« Wieder nickte ich. Er erzählte ein bisschen von sich. Ich freute mich für ihn, dass es ihm so gut ging, und lächelte ihn an.

Doch dann sprudelte es ganz unvermittelt nur so aus ihm heraus. Als Erstes erzählte er mir, dass er schon seit Jahren große Angst davor hatte, einfach einmal innezuhalten und sich mit sich selbst auseinanderzusetzen. »Wissen Sie, ich habe riesigen Respekt davor, etwas über mich zu erfahren, was mir überhaupt nicht gefällt. Davor habe ich schon fast Panik. Ich glaube, da gibt es Seiten an mir, von denen ich nichts wissen will.« Plötzlich befanden wir uns doch mitten im Coaching.

Ich holte eine kleine weiße Box hervor und schlug vor, dass er all das, was er während des Coachings über sich erfahren und was ihm nicht gefallen würde, in diese Box hineinlegen und den Deckel fest verschließen könne. Dann wäre es zwar nicht weg, aber es bestünde für ihn keinerlei Zwang, sich das näher anzuschauen. Wann immer er sich dazu bereit fühlen würde, könnten wir gemeinsam einen Blick darauf werfen. Ich versicherte ihm, dass er jederzeit die Wahl hätte zu entscheiden, ob und wo im Coaching-Prozess es weitergehen würde, und dass er der Experte für sich sei und ich ihn dabei nach Kräften unterstützen könne. Das entspannte ihn dermaßen, dass er tief durchatmete. Von diesem Moment an freute er sich darauf, dem Menschen zu begegnen, der er war. Er hatte eine Hand auf »seine« Box gelegt und fühlte sich somit sicher.

Die Methode mit der Box können Sie auch anwenden, wenn es um die Frage geht, wer Sie sind. Ich möchte Sie gern dazu ermutigen, dass Sie sich auf Ihre Intuition verlassen. Glauben Sie mir,

Sie wissen unbewusst und intuitiv mehr über sich, als Ihnen jetzt bewusst ist. Ich wünsche Ihnen eine schöne Entdeckungsreise!

Intuition

Auf die eigene Intuition zu achten und zu hören ist eine besondere Fähigkeit. Intuition ist die natürliche Kompetenz, Entscheidungen ohne den bewussten Einsatz des Verstandes und ohne Schlussfolgerungen treffen zu können. Intuition kennen wir auch unter dem Begriff »Bauchgefühl«. Sie ist eine Fähigkeit, die vielen in den letzten Jahrzehnten abhanden gekommen zu sein scheint. Wenngleich vielen die Tatsache sehr wohl bewusst ist, dass sie sich auf ihre Intuition verlassen könnten, haben viele von uns wohl mit der Zeit gelernt, sie zu übertönen und nicht wahrzunehmen.

Als ich vor Kurzem vor einer wichtigen beruflichen Entscheidung stand, schrieb eine Freundin mir eine Mail: »Dein Bauch wird Dir sicher alles sagen«. Recht hat sie – denn wenn ich manchmal trotz Pro- und Kontra-Listen keine Entscheidung treffen kann, verlasse ich mich auf meine Intuition.

Die nächste Übung ermöglicht es Ihnen, mithilfe Ihrer Intuition zu arbeiten.

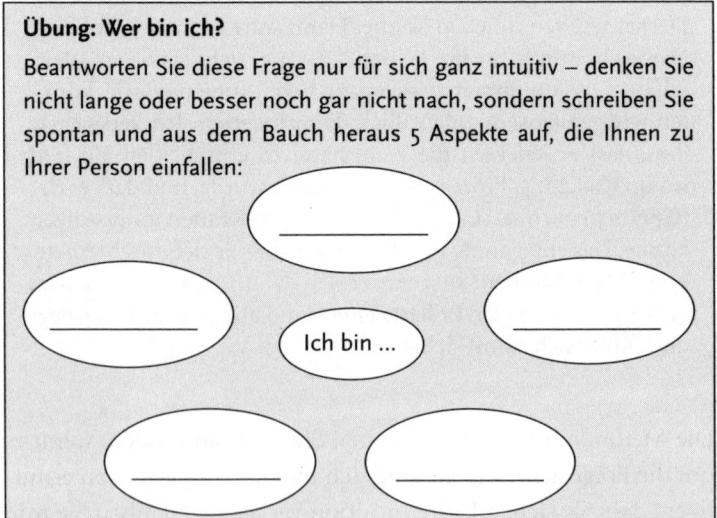

Übung: Wer bin ich?
Beantworten Sie diese Frage nur für sich ganz intuitiv – denken Sie nicht lange oder besser noch gar nicht nach, sondern schreiben Sie spontan und aus dem Bauch heraus 5 Aspekte auf, die Ihnen zu Ihrer Person einfallen:

Ich bin ...

Nachdem Sie die Frage, wer Sie sind, intuitiv beantwortet haben, haben Sie schon einen ersten Eindruck von sich erhalten und festgehalten.

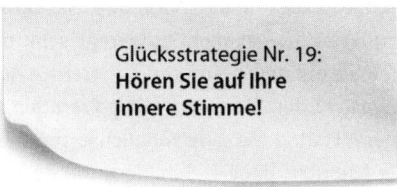

Glücksstrategie Nr. 19:
**Hören Sie auf Ihre
innere Stimme!**

Identität

Die Frage nach unserer eigenen Identität ist mit Sicherheit eine der spannendsten Fragen, die es zu beantworten gilt. Man unterscheidet zwei Aspekte: den persönlichen, worunter die Merkmale fallen, die ein Individuum durch seine individuellen Erfahrungen einzigartig und unverwechselbar machen, und den sozialen Aspekt, der durch das »Wir« definiert wird, also durch die Gruppe, zu der das Individuum gehört.

Seit Jahrtausenden haben sich Menschen darüber Gedanken gemacht, wer sie sind und warum sie sind. Wenn wir uns mit der Frage nach dem »Wer« beschäftigen, so betreten wir damit unbekanntes Terrain, weil wir im Normalfall gar nicht viel Übung damit haben.

Wie können wir uns selbst auf die Spur kommen, sodass wir mit Freude diesen Weg gehen können, ohne mitten auf dem Weg zu uns selbst wieder umzukehren? Als hilfreich erweist es sich dabei, diesen Weg in Etappen zu gehen. Die folgende Glücksübung setzt sich aus 3 Teilen zusammen.

Übung: Die Zwei-Minuten-Rede, Teil 1

Haben Sie schon einmal eine Rede gehalten? Wenn ja, wie ist es Ihnen dabei ergangen? Vermutlich waren Sie etwas aufgeregt, weil Sie nicht wussten, was die anderen dann über Sie denken, oder? Bei dieser Übung müssen Sie gar nicht aufgeregt sein, denn für diese Übung benötigen Sie nur einen einzigen Zuhörer – einen imaginären Unbekannten. Was würden Sie einem völlig Fremden über sich und von sich erzählen? Halten Sie eine möglichst spontane Rede über sich, die etwa 2 Minuten dauert. Schildern Sie dem Unbekannten frei heraus, wer Sie sind. Vielleicht hilft es Ihnen, wenn Sie sich ein paar Stichworte dazu notieren, was Sie über sich erzählen möchten.

Stichworte für Ihre Rede an einen Unbekannten

Mit diesen Stichworten ausgestattet, könnten Sie sich nun vor einen Spiegel stellen und die Rede über sich halten. Seien Sie gespannt, was Sie über sich selbst zu erzählen haben.

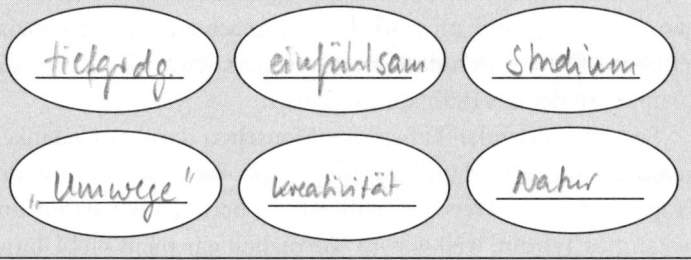

Wie gefällt Ihnen, was Sie über sich zu sagen hatten?

Auf den zweiten Teil dieser Übung bin ich gekommen, weil wir bei einem Freund zu einem Geburtstagsfest eingeladen waren, auf dem sehr viele Menschen von »früher« waren. Da unser Freund 60 Jahre alt wurde, hatte er einige seiner Wegbegleiter sehr lange nicht mehr gesehen, und es war interessant zu hören, was über die dazwischen liegenden Jahrzehnte erzählt wurde.

Übung: Die Zwei-Minuten-Rede, Teil 2

Stellen Sie sich nun bitte vor, ein wirklich guter Freund von Ihnen bereitet anlässlich eines besonderen Ereignisses ein Überraschungsfest für Sie vor, zu dem er auch Ihre »alten« Schulfreunde von früher und Ihre entfernte Verwandtschaft einlädt. Viele der Gäste haben Sie schon lange nicht mehr gesehen und wissen nicht, was Sie in den letzten Jahren so gemacht haben und was in Ihrem Leben passiert ist. Was für ein Mensch Sie sind, was Ihnen wichtig ist und womit Sie Ihre Zeit verbringen. Da es ein sehr festlicher Rahmen ist, hält der Ihnen liebste Mensch eine Rede über Sie und lässt Ihr Leben Revue passieren. Was glauben Sie, welche Stichworte werden auf seinem Zettel stehen, den er in der Hand hält, während er die Rede hält? Was findet er an Ihnen erzählens- und nennenswert? Über welche markanten Punkte wird dieser Mensch in jedem Fall sprechen wollen?

Stichworte eines guten Freundes über Sie

Wenn Sie nun auf die Stichworte blicken, wie geht es Ihnen damit? Wie gefällt Ihnen das, was dieser gute Freund auf Ihrer Überraschungsfeier über Sie erzählen wird?

Nach diesen beiden Reden bereiten Sie noch eine dritte vor …

Übung: Die Zwei-Minuten-Rede, Teil 3

Stellen Sie sich nun bitte vor, Sie würden nochmals eine Rede über sich halten.

- Was würden Sie am liebsten sagen?
- Was würden Sie über sich erzählen wollen, auch wenn es Ihnen noch sehr fern erscheint?
- Welche Worte würden Sie im Zusammenhang mit sich gern schreiben, sagen, hören, lesen?
- Was steckt noch in Ihnen, auf das Sie sich jetzt schon freuen?
- Was finden Sie »wünschenswert«?
- Welche Stichworte werden die markanten Punkte für Ihre »wünschenswerte« Rede sein? Denken Sie daran, dass das »Wünschenswerte« sich im Rahmen des für Sie Möglichen bewegt.

Stichworte für meine »wünschenswerte« Rede

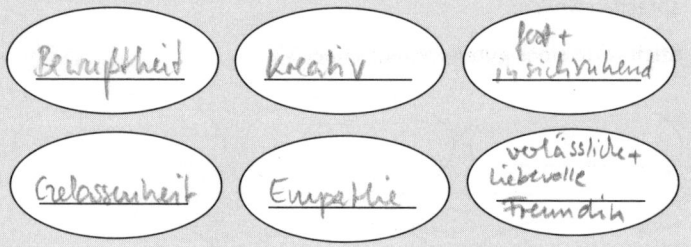

Wenn Sie nun auf die Stichworte blicken, wie geht es Ihnen damit? Wie gefällt Ihnen das, was Sie dort sehen?

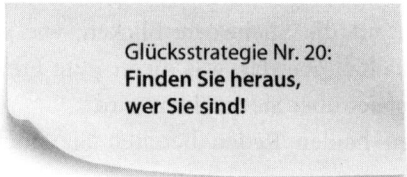

Glücksstrategie Nr. 20:
**Finden Sie heraus,
wer Sie sind!**

Wo stehe ich? Meine »Lebenstorte«

Eine Standortbestimmung beinhaltet immer auch eine Orientierung. Eine Orientierung bezogen auf das, was Sie umgibt und wie Sie damit zufrieden sind.

Wo stehen Sie? Was denken Sie? Wie ist Ihr Stand – sicher und fest oder im Moment etwas wackelig? Zur Beantwortung dieser

Fragen kann ich Ihnen die folgende Übung empfehlen, die ich mit vielen meiner neuen Klienten – je nach Anlass – durchführe. Ich habe sie während meiner Ausbildung bei meiner Trainerin Sabine Klenke kennengelernt.

Die »Lebenstorte«

Die 19-jährige Lilli hatte gerade ihr Abitur geschafft, als sie zu mir ins Coaching kam. Sie hatte viele Talente, wusste aber nicht so genau, wo sie eigentlich stand und wo sie hinwollte. Ich bat sie zunächst, mir die verschiedenen Bereiche zu nennen, die in ihrem Leben eine wichtige Rolle spielen. Manchmal mache ich meinen Klienten an dieser Stelle »Angebote«, indem ich oft genannte Lebensbereiche anführe: Gesundheit, Zielerreichung, Freunde, Familie, Selbstfürsorge, »Ich«.

Lilli zählte die unterschiedlichsten Bereiche auf. Ich legte ihr dann das Blatt mit der Lebenstorte vor, mit der Bitte, jedes »Tortenstück« mit einem Bereich zu beschriften. Ich erklärte ihr, dass jedes Stück aus 11 Teilen besteht: das Mittelstück ist die Basis jedes Bereiches, und die darüber befindlichen Teile sind wie eine Skala von 1 bis 10 zu verstehen. Nun sollte Lilli jeden Sektor für sich dahingehend bewerten, wie zufrieden sie mit dem einzelnen Bereich war – wobei auf einer Skala von 1 bis 10 die »10« für höchste Zufriedenheit steht. Ich ermutigte sie dazu, mit dem Bereich anzufangen, der ihr sozusagen direkt ins Auge sprang. Sie entschied sich für »Freunde«. »Wie würdest du deine Zufriedenheit in puncto Freunde einschätzen?« Während sie nun Stück für Stück die Lebenstorte gestaltete und mit bunten Filzstiften ausmalte, reflektierte sie über sich und erzählte mir etwas zu jedem Bereich – warum er den Wert bekam, den sie ihm zuordnete, und womit dieser Wert zusammenhing. Ich fragte in Coaching-Manier weiter, sodass Lilli mit der Fertigstellung »ihrer persönlichen Glückstorte« eine sehr umfassende Standortbeschreibung von sich hatte. Danach standen wir beide auf, um das Ergebnis mit etwas Abstand betrachten zu können. Ich ließ mir ihren Eindruck schildern … Zum Abschluss dieser Übung forderte ich Lilli auf, die gesamten Eindrücke über sich selbst in einem Satz zusammenzufassen – so entstand ein persönliches Lebensmotto, mit dem sie sich sehr gut identifizieren konnte.

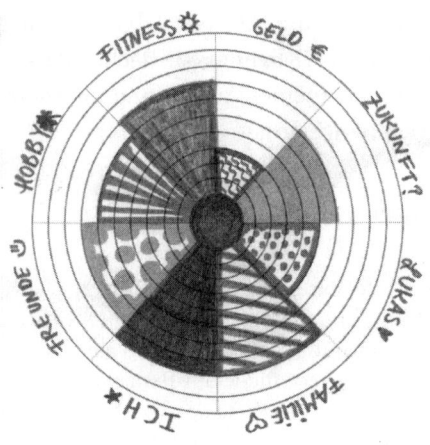

Abb. 20: Lebenstorte von Lilli

Welches sind Ihre Lebensbereiche? Was fällt Ihnen spontan ein? Notieren Sie Ihre Ideen direkt hier, ohne sie vorher zu strukturieren:

Meine Lebensbereiche:

_____

_____

_____

_____

_____

Nun schauen Sie sich Ihre Notizen noch einmal genauer an. Für den Fall, dass Sie mehr als 8 Punkte gefunden haben, könnten Sie nun noch eine genauere Auswahl dahingehend treffen, welche 8 Lebensbereiche Sie in Ihre Lebenstorte eintragen werden. Falls Sie mehr als 8 Aspekte haben und auf keinen verzichten möchten, können Sie die Lebenstorte einfach weiter unterteilen. Für den Anfang empfiehlt es sich jedoch, es bei 8 Stücken zu lassen, damit Sie sich darüber bewusst werden, welches Ihre wichtigsten

Bereiche sind – so haben Sie bereits eine erste Auswahl getroffen, was Ihnen auch zur Klarheit über sich selbst verhilft.

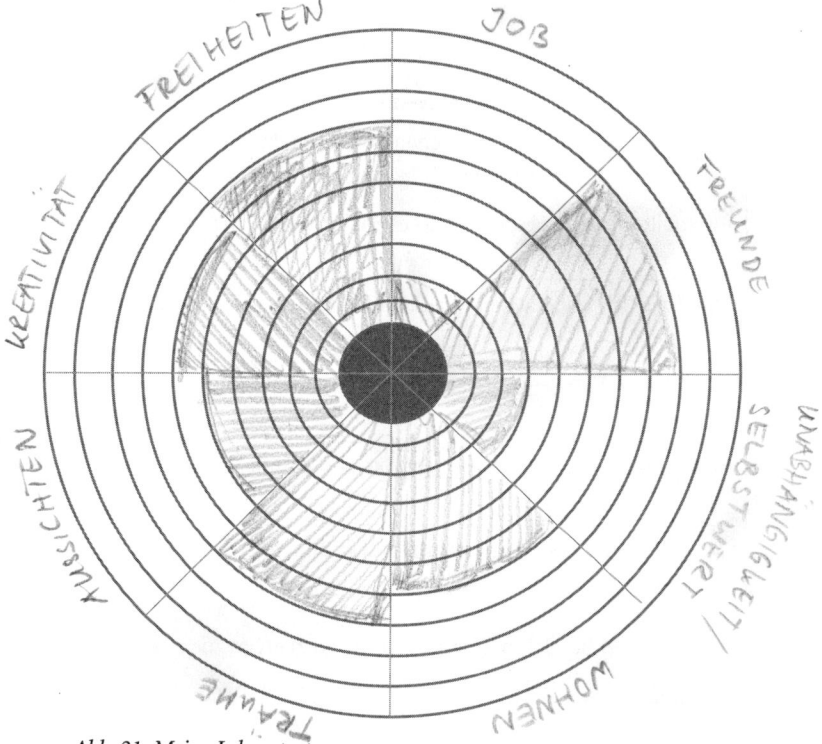

Abb. 21: Meine Lebenstorte

Beschriften Sie die einzelnen Stücke wie in dem geschilderten Fall von Lilli und ordnen Sie Ihnen nun Skalenwerte von 1 bis 10 zu. Der Wert »1« bedeutet »gar nicht zufrieden«, am anderen Ende der Skala steht »10« für »es könnte nicht besser sein, ich bin wirklich richtig glücklich damit«. Während Sie die einzelnen Skalenwerte zuordnen, könnten Sie sich fragen, warum genau dieser Wert und nicht ein Wert, der darüber oder darunter liegt. Stellen Sie diese Frage laut und, wenn Sie mögen, beantworten Sie sie auch laut. So können Sie gut wahrnehmen, was Sie *ganz genau* denken – und stellen somit sicher, dass Sie Gedanken auch zu Ende denken und diese nicht diffus bleiben. Gestalten Sie sie

Stück für Stück – ob Sie die Fläche schraffieren, ausmalen oder nur den oberen Wert markieren, bleibt Ihrer Kreativität überlassen.

Übung: Die Reflexion der Lebenstorte

Wenn Sie Ihre persönliche Lebenstorte erstellt haben, dann beantworten Sie folgende Fragen:

Was fällt mir auf, wenn ich die Lebenstorte als Ganzes betrachte?

_____

Wie fühle ich mich, wenn ich das Bild betrachte?

_____

Bin ich mit dem Ergebnis zufrieden?

_____

Welcher Bereich springt mir am meisten ins Auge?

_____

Mit welchem Bereich bin ich am glücklichsten?

_____

Um welchen Bereich möchte ich mich noch etwas mehr kümmern?

_____

Schauen Sie Ihre Lebenstorte und die dazugehörige Reflexion an! Sie haben nun eine sehr gute Basis für Ihre Standortbestimmung geschaffen. Was gefällt Ihnen daran?

Glücksimpuls:
An meiner Lebenstorte gefällt mir ...

_____

Und was noch? _____

Und was noch? _____

Und was noch? _____

Ich möchte Ihnen noch ein Beispiel aus meiner Coaching-Praxis schildern:

Lukas, ein junger Mann, kam zu mir, weil ihn die Angst vor der Zukunft fast schon lahmlegte, denn er grübelte immerzu über die Zukunft, ohne zu neuen Erkenntnissen zu gelangen. Er hatte den Eindruck, dass sich in seinem Leben alles nur noch um die Angst drehte. Er stand vor einer richtungweisenden Entscheidung und fühlte sich damit total überfordert. Als ersten Baustein im Coaching wendete ich die Lebenstorte an. Lukas halbierte 2 Stücke noch, sodass am Ende 10 Lebensbereiche sichtbar wurden – sehr viele vielfältige Lebensbereiche, die nahezu alle hohe Werte von 7 und höher aufwiesen. Lediglich der Punkt »Zukunft«, der allerdings auch nur ein »halbes Stück« zugewiesen bekommen hatte – die andere Hälfte war mit »Pläne« überschrieben –, zeigte den denkbar niedrigsten Wert. Als wir aufstanden, um das Ergebnis aus der Distanz betrachten zu können, fragte ich Lukas, was ihm als Erstes auffalle. Verblüfft starrte er auf das Blatt Papier und konstatierte: »Ich wusste nicht, wie vielseitig mein Leben ist! Das sieht doch wirklich ganz gut aus.« Ihm wurde darüber hinaus noch klar, welch kleinen Anteil die »Zukunft« einnahm, was ihn sofort sichtbar entspannte. »Ich bin total erleichtert, dass das nur ein kleiner Teil ist – das hat in letzter Zeit einfach zu viel Platz bekommen.« Gestärkt durch diese Erkenntnis war Lukas dann in der Lage, sich »von Angst befreit« an die Entscheidung heranzuwagen. Während seines Biologie-Studiums war ihm nämlich durch ein Klinik-Praktikum bewusst geworden, wie groß sein Interesse an Medizin war, sodass er mit einem weiteren Studium liebäugelte. Dies gefiel seinen Eltern und seiner Freundin gar nicht, weil es finanzielle und auch räumliche Konsequenzen hatte, denn in seiner Heimatstadt gab es keine medizinische Fakultät. Dennoch wurde Lukas durch die Übung mit der Lebenstorte klar, dass dies sein Weg werden würde, denn er wollte, dass er bei einer nächsten Lebenstorte ein Stück mit der Beschriftung »Medizin« versehen konnte. Überzeugt davon, den richtigen Weg gefunden zu haben, konnte er sehr selbstbewusst zu seiner Entscheidung stehen. Glücklicherweise bekam er kurze Zeit später einen Studienplatz, und auch seine Freundin fand in der neuen Stadt einen Job.

Dieses Beispiel zeigt noch mal wunderbar, wie gut es tut, wenn wir uns unserer »Reichtümer« bewusst werden. Nicht nur einen kleinen »Problemausschnitt« zu sehen, sondern einen ganzheitlichen Blick auf das eigene Leben zu werfen, hilft oftmals, Ängste und Sorgen in ihre Schranken zu weisen und den Fokus auf all das zu richten, was im eigenen Leben eine wichtige Rolle spielt.

Einer Klientin von mir erging es anders als Lukas, da sie ihre Lebenstorte in insgesamt 6 Stücke aufteilte, wobei der höchste Wert »5« war. Diese Klientin war vollkommen zufrieden damit, denn »5« bedeutete in ihrem Punktesystem schon ein sehr gutes Ergebnis. Die noch freien Felder weiter oben auf der Skala kommentierte sie abschließend so: Sie sei froh, noch so viele Entwicklungsmöglichkeiten zu haben. Hoch motiviert ging sie nach Hause.

> Schauen Sie für sich, was der Wert »5« für Sie bedeutet. *Sie* sind Ihr eigener Maßstab – niemand sonst.

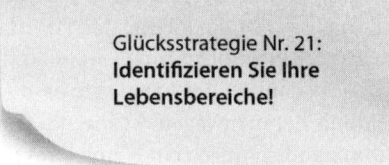

Glücksstrategie Nr. 21:
Identifizieren Sie Ihre Lebensbereiche!

Was sind meine Stärken?

»Unsere Wünsche sind die Vorboten der Fähigkeiten, die in uns liegen.«
Johann Wolfgang von Goethe

Kennen Sie Ihre Stärken? Was können Sie besonders gut? Wie würden Sie die einzigartige Mischung Ihrer Stärken nennen? In meinen Coachings mache ich oft Übungen, die Kompetenzen und Fähigkeiten der Klienten ans Tageslicht bringen, die ihnen helfen zu erkennen, was das Großartige an sich selbst ist.

Mir ist dabei aufgefallen, dass es keine zwei gleichen Ergebnisse gibt. Selbst bei zwei Klienten etwa gleichen Alters, mit ähnlichen Lebensbedingungen, gleichem Bildungsstand und nahezu identischer Familiensituation entstehen völlig unterschiedliche Kompetenzprofile. Jeder Klient weist ein völlig neues, anderes und einzigartiges Bild auf. Das macht meine Arbeit als Coach so spannend, denn im Coaching zeigt sich, dass jeder etwas Besonderes kann und dass wir alle unverwechselbar sind.

Was sind Ihre Stärken?

Glücksimpuls:

Besonders gut kann ich ...

_____

Und was noch? _____

Und was noch? _____

Und was noch? _____

Wenn ich diese Frage im Coaching stelle, so dauert es oft erst einmal eine Weile, bis die erste Antwort kommt. »Meine Stärke? Ach, ich kann eigentlich nichts Besonderes« ist eine Antwort, die ich häufiger höre. Wie ist das bei Ihnen?

Wenn Sie zufrieden sind, dann nehmen Sie es nicht einfach nur hin, sondern machen Sie es sich bewusst und klopfen Sie sich auf die Schulter. Wenn Sie mögen, gehen Sie zu einem Spiegel, schauen hinein und sagen Sie zu sich: »Das hast du wirklich gut gemacht.« Ermutigen Sie sich, Sie werden sehen, wie gut es Ihnen tut.

Da die Fragen »Was sind Ihre Stärken? Was können Sie besonders gut?« manchmal nicht ausreichen, erweitere ich diese Aufgabe gern mit den Fragen »Was machen Sie gern?« und »Was mögen Sie an sich?«. Betrachten Sie die nachfolgende Übung – nehmen Sie sich Zeit, in Ruhe über die einzelnen Aspekte nachzudenken und füllen Sie dann nach und nach die freien Kästchen aus. Vielleicht ergeht es Ihnen dabei so wie einigen meiner Klienten, dass Sie noch mehr Kästchen benötigen? Dann schreiben Sie mit Freude noch weitere Stärken, Kompetenzen und Dinge auf, die Sie an sich mögen.

Übung: Sich selbst auf die Schulter klopfen

Benennen Sie zwei Ihrer Stärken, für die Sie sich gern einmal im wahrsten Sinne des Wortes auf die Schulter klopfen möchten? Schreiben Sie diese in die Felder.

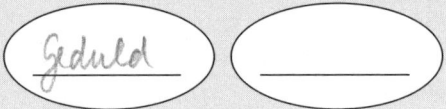

Nun gehen Sie bitte zu einem Spiegel, schauen sich an und lesen diese Wörter laut und deutlich vor. Dann klopfen Sie sich bitte mit der rechten Hand auf die linke Schulter. Wie geht es Ihnen damit, wenn Sie sich so selbst Anerkennung schenken?

Eine weitere Anregung: Rufen Sie einen Freund oder eine Freundin an und erzählen Sie von dieser Schulterklopf-Übung. Fragen Sie Ihren Freund oder Ihre Freundin, ob Sie zusammen diese Übung machen wollen.

Glücksimpuls:

Besonders mag ich an mir ...

_____

Und was noch? _____

Und was noch? _____

Und was noch? _____

Übung: Meine Stärken, Kompetenzen und Dinge, die ich an mir mag

Was ich an mir mag …	Was ich gern mache …	Was ich gut kann …
eigene Pläne/Interessen	Garten gestalten	schreiben reden
Nahr.-/Turbiele	Einkehr Denken Ruhe	präzise Denken
Empathie	kreatives Basteln	planen
(Gelassenheit) Ruhe	reden schreiben zuhören Gedanken ausdrucken	zuhören

Sie haben nun Ihr persönliches Stärkenprofil erstellt. Sie haben schwarz auf weiß stehen, was Sie auszeichnet, was das Besondere an Ihnen ist, was Sie so einzigartig macht. Wenn Sie Ihr Profil betrachten: Was fällt Ihnen auf? Wie gefällt es Ihnen?

Aus meiner eigenen Erfahrung und auch aus den Einzelcoachings weiß ich, *wie* wohltuend die Erstellung eines solchen Profils ist. Sie werden gestärkt aus dieser Übung hervorgehen, denn es könnte gut sein, dass es das erste Mal ist, dass Sie Ihre Stärken und das, was Sie an sich mögen, so vor Augen haben. Wenn Sie künstlerisch oder ein bisschen kreativ veranlagt sind, dann können Sie mithilfe von kleinen bunten Karten, die oft in Seminaren eingesetzt werden und in jedem Schreibwarenhandel erhältlich sind, noch mal so ein Bild von sich erstellen.

Übung: Der Werbespot

Stellen Sie sich vor, jemand schenkt Ihnen 2 Minuten Sendezeit für einen Werbespot über Sie in Ihrem Lieblingssender. Welches Symbol fällt Ihnen zu sich ein, das universell einsetzbar ist und Sie gut widerspiegelt? Wenn Sie sehr sportlich sind, dann könnten Sie einen Turnschuh wählen. Schlägt Ihr Herz für Musik, ist eine Note ein passendes Symbol. Welche Ihrer Eigenschaften würden Sie besonders herausstreichen? Was macht Sie einzigartig? Um das Drehbuch für Ihren eigenen Werbespot schreiben zu können, denken Sie besonders an die folgenden Punkte:

Was kann ich richtig gut?

_____

Was mache ich richtig gern?

_____

Was macht mir viel Spaß?

_____

Was fällt mir leicht?

_____

Wobei vergesse ich Raum und Zeit?

_____

Welche Ausbildung habe ich?

_____

Was habe ich schon erreicht?

_____

Was habe ich noch vor?

_____

Was ist das Unverwechselbare an mir?

_____

Welches Symbol passt zu mir?

_____

Für die Gestaltung Ihres Werbespots beantworten Sie die folgenden Fragen:

Welche Farben mag ich?

_____

Welche Musik höre ich gern?

_____

Welche Landschaft gefällt mir?

_____

Ich persönlich mache das auch von Zeit zu Zeit und klebe die Karten dann an meine Arbeitszimmertür. So habe ich mein positives Selbstbild immer im Fokus.

> Glücksstrategie Nr. 22:
> Erstellen Sie Ihr persönliches Stärkenprofil!

Nachdem Sie das Drehbuch für Ihren Werbespot erstellt haben, bringen Sie die Bilder zum Laufen – wie einen Film. Genießen Sie das Ergebnis!

Wenn Sie Gefallen an dieser Übung finden, dann führen Sie sie in ein bis zwei Wochen noch mal durch – vielleicht mit jemandem zusammen. Füllen Sie zunächst Ihr persönliches Stärkenprofil aus und erstellen Sie im Anschluss gegenseitig ein Profil für sich. Das gibt Ihnen Aufschluss darüber, welches Bild der andere von Ihnen hat. Vielleicht entdeckt er Stärken, die Ihnen so nicht bewusst waren, weil Sie sie für selbstverständlich hielten. Danach können Sie in Gedanken gemeinsam Werbespots für jeden von Ihnen gestalten.

Für eine ganzheitliche Betrachtung spielen neben den Stärken auch die Schwächen eine Rolle. Eine Betonung der Stärken ist sehr selbstwertdienlich und tut uns einfach gut. Da die meisten so erzogen wurden, möglichst unauffällig zu sein und sich keinesfalls mit dem eigenen Können zu sehr in den Vordergrund zu spielen, geht es in Coachings und Therapien oftmals genau darum: den Selbstwert zu stärken. Wichtig hierbei ist die Erkenntnis, nicht perfekt zu sein oder perfekt sein zu müssen. Sich in seiner eigenen Ganzheit mit Stärken, Schwächen, Vorlieben, Abneigungen, Talenten und »Fehlern« zu erkennen, ist eine Voraussetzung für die seelische Gesundheit.

In meinen Coachings schreibe ich die Stärken meiner Klienten oft auf gelbe Karten. Das, was dem Klienten nicht so gut gefällt, notiere ich auf blaue Karten. Über die gelben Karten lege ich eine Karte, auf der »Meine Stärken« steht. Für die blauen Karten schreibe ich oft eine Karte »Was ich noch ändern kann, wenn ich es möchte«. Dadurch erfahren auch die Schwächen eine Würdigung, wobei deutlich gemacht wird, dass das nicht immer so bleiben muss, sondern hier Entwicklungsmöglichkeiten existieren. Auch das entspannt! Wo haben Sie noch Potenzial? Wenn Sie die blauen Karten betrachten, dann geben diese Ihnen einen Hinweis auf Ihr Potenzial. Manchmal ergibt es sich während des Coachings, dass wir auch an den blauen Karten arbeiten – meistens sprechen die Klienten das von sich aus an, weil ihnen noch die eine oder andere Verbesserungsmöglichkeit dazu einfällt. Probieren Sie es aus, wie gut es Ihnen damit geht, wenn alles, was zu Ihnen gehört, ans Tageslicht kommen darf.

Übung: Die ganzheitliche Bestandsaufnahme

Erstellen Sie nun Ihre »gelben« und »blauen Karten« und schreiben Sie für sich auf, bei welchen Punkten Sie noch Potenzial haben. Sie wissen, dass Sie daran arbeiten können, wann immer Sie mögen. Sie müssen es aber nicht!

Meine Stärken

Was ich noch ändern kann, wenn ich es möchte

Doch das, was Sie eventuell als Ihre Schwäche ansehen, hat bestimmt auch seine guten Seiten. Welche könnten das sein? In einem meiner Seminare erzählte eine Lehrerin, dass sie nicht so großen Wert auf Ordnung legte, was den Eltern ihrer Schüler manchmal missfiel. Sie war deswegen unglücklich und ratlos. Wir überlegten gemeinsam, welches die gute Seite an ihrer »schlechten Seite« war. Es fiel ihr nichts Positives ein – sehr wohl aber den anderen Seminarteilnehmern und mir, denn sie war eine sehr freundliche und liebenswerte Frau. Wir fanden gemeinsam heraus, dass sie andererseits ganz besondere Ideen hatte und die Fächer voller Kreativität gestaltete. Die Kinder mochten ihren Unterricht und ihre Ideenvielfalt. Außerdem war sie eine so warmherzige Person, dass jedes Kind sie ins Herz geschlossen hatte. Ihr wurde bewusst, dass sie zwar nicht die Allerordentlichste war, aber dass sie dadurch ihre Kreativität entfalten konnte und so das Interesse der Kinder an den unterschiedlichen Fächern weckte, was auch den Eltern immer schon positiv aufgefallen war.

Übung: Gute Seiten – schlechte Seiten

Überlegen Sie, was die »gute Seite« an Ihrer »schlechten Seite« ist.

Was mir nicht so gut an mir gefällt:	Die gute Seite daran ist:

Und auch, wenn Ihnen jetzt noch nichts Gutes einfällt, wissen Sie, dass Sie jederzeit hierhin zurückblättern können und die Tabelle ausfüllen können. Denn Sie wissen doch, dass jede Medaille zwei Seiten hat. Eine weitere Alternative besteht darin, dass Sie mit einer vertrauten Person darüber sprechen können. Holen Sie sich Unterstützung, um die guten Seiten zu finden. Kommen Sie mit anderen ins Gespräch.

Glücksstrategie Nr. 23:
**Führen Sie eine aufrichtige
Bestandsaufnahme durch!**

Glückstipp: »Kokettieren« Sie mit Ihren Schwächen

Manchmal machen uns unsere Schwächen vor allem deshalb Angst, weil wir befürchten, dass andere sie entdecken. Wissen Sie, was da sehr entspannend wirkt? Sprechen Sie Ihre Schwäche von sich aus mit einer kleinen Prise Humor an. Von diesem Moment an müssen Sie keine Angst haben, dass Ihr Gegenüber versucht, Sie bloßzustellen, denn das haben Sie schon vorher getan und ihm somit den Wind aus den Segeln genommen. Sie sind somit einen Schritt schneller. Erlauben Sie sich, Schwächen zu haben. Sie sind ein Mensch, das ist ganz normal so. Außerdem stellen Ihre jetzigen Schwächen Ihr Potenzial dar: Wenn Sie wollten, könnten Sie etwas ändern. Wenn nicht, dann ist das eben so. Sie haben die Wahl!

Wie geht es mir hier?

Die Identifikation von Stärken, Entwicklungschancen und Potenzialen ist ein notwendiges Fundament für Ihre weitere Reise. Wenn Sie nun Revue passieren lassen, was Sie auf den letzten Seiten alles über sich gedacht, erfahren, erkannt und aufgeschrieben haben, fragen Sie sich: Wie geht es mir hier an meinem Standort?

Schauen Sie sich um – was sehen Sie? Wenn Sie Ihre momentane Lebenssituation betrachten, wie fällt Ihre Bilanz aus? Auf einer Skala von 1 bis 10, wo würden Sie sich da einordnen, wenn Sie die Standortbestimmung vorgenommen haben?

Welchen Wert Sie auch immer vergeben haben, denken Sie daran, dass er eine Momentaufnahme ist. Es ist die Basis für Ihre weitere Reise zum Glück. Bei den nächsten Schritten, die Sie tun werden, bei Ihren weiteren Planungen könnten Sie sich 5 hilfreiche Fragen stellen, die dazu führen werden, dass Sie jederzeit eine Bestandsaufnahme durchführen können.

Diese 5 Fragen ermöglichen Ihnen eine kurzfristige Kurskorrektur. Wann immer Sie feststellen, dass Sie Ihre Zeit mit etwas verbringen, was Sie nicht wirklich machen möchten und was Sie nicht mit Freude und Glück erfüllt, fragen Sie sich, ob Sie es wirklich machen müssen. Das wird Ihnen dazu verhelfen, dass Sie sich im Hier und Jetzt zufrieden fühlen können, dass Sie sagen können: »Ich bin ich und ich mag mich, so wie ich jetzt bin!«

Übung: 5 hilfreiche Fragen für meine Bestandsaufnahme

Was genau mache ich hier?

Warum mache ich das?

Mit wem mache ich das?

Möchte ich das wirklich machen?

Erfüllt mich das mit Freude und Glück?

Positives Selbst-Konzept

> »Wer einmal sich selbst gefunden hat,
> der kann nichts auf dieser Welt verlieren.«
> Stefan Zweig

Nachdem Sie die vorangegangenen Übungen ausgeführt haben, haben Sie ein genaueres Bild von sich erhalten. Was für ein Bild haben Sie von sich selbst gefühlt? Was könnten Sie noch gebrauchen, um Ihr Ich zu stärken? Um zu sich selbst stehen zu können? Um Ihr »Selbst« zu stärken?

Eine tiefe, verlässliche Beziehung mit einem »Du« oder »Wir« können wir dann eingehen, wenn wir uns kennen und zu uns stehen. Denn dann bieten wir unseren Mitmenschen, Freunden, Familienangehörigen, Kollegen, Nachbarn, Sportskameraden, und der Gruppe, in der wir uns befinden, ein wirkliches, authentisches Gegenüber.

> **Hanna, eine 53-jährige Krankenschwester,** kam ins Coaching, weil sie auf ihrer Station eine Kollegin hatte, mit der sie einfach nicht zurechtkam und die ihr das Leben durch intrigantes Verhalten schwer machte. Hanna schaffte es nicht, sich abzugrenzen, sodass sie jede kleine Aktion der Kollegin als boshaft empfand und darunter litt. Mehr und mehr richtete sich ihre Aufmerksamkeit auf diese Kollegin, bis sie letztlich schon ihr Verhalten danach ausrichtete.
>
> Damit sie ihr Leben wieder frei nach ihren eigenen Ansprüchen gestalten konnte und eine klare Grenze nach außen ziehen konnte, haben wir im Coaching-Prozess ihr »Selbst« gestärkt.
>
> Hanna fehlte die Bestätigung der anderen Kolleginnen, und durch ihr mangelndes Selbstvertrauen fühlte sie sich als Opfer. Damit sie »Gestalterin« werden konnte, erarbeiteten wir, dass sie sich selbst die gewünschte Bestätigung geben konnte: »Selbstbestätigung«. Wenn sie lernte, sich selbst zu vertrauen, dann hätte sie genügend »Selbstvertrauen« im Umgang mit ihrem Umfeld. Die Fokussierung auf ihre eigenen Fähigkeiten und das Wissen über die Wahlfreiheit ihrer Entscheidungen führten dazu, dass Hanna ein positiveres Selbstkonzept entwickelte. Die einzelnen Mosaiksteinchen wurden so zu Schutzfaktoren, sodass wir diese Übung »Schutzmantel für mein Selbst« nannten. Jedes Mosaiksteinchen wie Selbstwert, Selbstvertrauen usw. stellte für sie einen Schutz vor den Angriffen anderer dar und symbolisierte die Grenze, die sie ziehen konnte. Durch diese Übungen, die auf ihre persönlichen Bedürfnisse zugeschnitten waren, schaute sie vermehrt darauf, was für sie wichtig ist, und entwickelte ein starkes Ich, ein höheres Selbstwertgefühl und ganz neues Selbstbewusstsein, was sich auch an ihrer Körperhaltung zeigte.
>
> Entwicklung eines positiven Selbstkonzepts am Beispiel von Hanna:

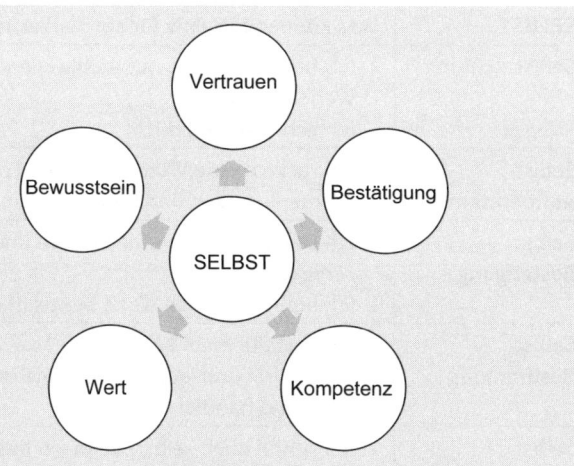

Nach einem halben Jahr schrieb sie mir in einem Brief, dass sie ehrenamtlich in einem Kinderheim tätig war. Sie schöpfte aus dieser Tätigkeit so viel Kraft, dass sie ihre Zeit nicht mehr mit Teamquerelen verbrachte. Stattdessen gelang es ihr, offen auf die »problematische« Kollegin zuzugehen und sie mit anderen Augen zu betrachten. Sie bedankte sich in diesem Brief bei mir, weil sie tagtäglich von ihrem starken Selbstkonzept zehrte und weil ihr bewusst geworden war, dass erst durch die Stärkung ihres Ichs eine klare Abgrenzung nach außen möglich geworden war.

> Glücksstrategie Nr. 24:
> **Entwerfen Sie ein positives Selbstkonzept!**

Wenn Sie ein starkes Ich entwickeln möchten und merken, dass Ihnen der eine oder andere Aspekt in Bezug auf ein positives Selbstkonzept selbstwertdienlich sein könnte, dann lassen Sie sich von der folgenden Liste inspirieren.

SELBST...	Was können Sie aktiv für ein starkes Ich tun?
Selbst-**Achtung**	• Ich betrachte mich mit Wohlwollen und Wertschätzung! • Ich achte gut auf mich!
Selbst-**Aufmerksamkeit**	• Ich rücke meine Wünsche in den Fokus meiner Aufmerksamkeit und höre auf meine Intuition!
Selbst-**Bestätigung**	• Ich bestätige mir meine Stärken und Fähigkeiten! • Ich bin mir meines Werts bewusst!
Selbst-**Bestimmung**	• Ich gestalte mein Leben! • Ich bin frei und kann wählen, wie ich denke, fühle und handle!
Selbst-**Bewusstsein**	• Ich kenne mich selbst, denn ich bin mir meiner selbst bewusst! • Ich denke bewusst über mein Leben nach!
Selbst-**Bild**	• Das Bild, das ich von mir habe, kann ich frei nach meinen Wünschen in meinen Möglichkeiten schaffen! • Mein Selbstbild zeige ich nach außen, denn ich möchte mich nicht verstecken, sondern authentisch sein.
Selbst-**Darstellung**	• Ich präsentiere mich so, wie ich es möchte und wie es meinen Erwartungen entspricht!
Selbst-**Einschätzung**	• Wenn ich mich kenne, kann ich mich gut einschätzen und weiß, wo ich stehe.
Selbst-**Entfaltung**	• Ich habe Freude daran, mich nach meinen Möglichkeiten zu entfalten! • Ich kenne meine besonderen Talente und entfalte sie! • Meine Ressourcen und mein Potenzial sind es wert, dass ich sie entfalte und lebe!
Selbst-**Erkenntnis**	• Ich lerne mich jeden Tag etwas besser kennen! • Ich erkenne mich und zeige es nach außen!
Selbst-**Findung**	• Wenn ich mich selbst gefunden habe, kann mir nichts passieren!

Selbst-**Fürsorge**	• Ein fester Bestandteil in meinem Leben ist die Selbstfürsorge! • Ich werde aktiv und kontinuierlich Selbstfürsorge betreiben, damit ich seelisch gesund bleibe! • Ich kann mich gut abgrenzen, damit ich mein Wohlbefinden erhalte!
Selbst-**Konzept**	• Ich kann so sein, wie ich es möchte! • Ich nehme mich in meiner ganzen Schönheit wahr!
Selbst-**Liebe**	• Ich liebe mich, so wie ich bin! • Ich bin liebenswert!
Selbst-**Marketing**	• Ich stehe zu mir und meinen Stärken! • Ich stehe für mich ein!
Selbst-**Organisation**	• Ich kann mich und meine Bedürfnisse steuern!
Selbst-**Reflexion**	• Ich denke über mich nach, damit ich mich kennenlernen und weiterentwickeln kann!
Selbst-**Sicherheit**	• Ich fühle mich sicher mit dem, was ich tue! • Ich glaube an mich!
Selbst-**Ständigkeit**	• Ich bin frei! • Ich bin unabhängig und stehe für mich selbst ein!
Selbst-**Stärkung**	• Ich habe ein starkes Ich!
Selbst-**Steuerung**	• Ich steuere mein Leben, denn ich bin Gestalter!
Selbst-**Verantwortung**	• Ich bin für mich selbst verantwortlich! • Der Schlüssel zu meinem Glück bin ich!
Selbst-**Vermarktung**	• Ich zeige mich nach außen! • Ich trete für mich und meine Einzigartigkeit ein!
Selbst-**Verständnis**	• Ich kenne die Gründe für mein Verhalten! • Ich möchte mich kennen und verstehen lernen!
Selbst-**Vertrauen**	• Ich habe Vertrauen in mich!
Selbst-**Verwirklichung**	• Ich entfalte meine Persönlichkeit! • Ich lebe meine Möglichkeiten!

Selbst-**Wahrnehmung**	• Ich nehme nicht nur die Bedürfnisse anderer wahr, sondern auch meine eigenen! • Ich nehme mich wahr, wie ich bin!
Selbst-**Wert**	• Ich weiß, dass ich etwas wert bin! • Ich bewerte mich wohlwollend und freundlich!
Selbst-**Wirksamkeit**	• Ich glaube daran, dass ich aus eigener Kraft und durch meine Kompetenz etwas bewirken kann – auch in schwierigen Situationen! • Ich weiß, dass ich das schaffen kann!
Selbst-**Zufriedenheit**	• Ich bin mit mir zufrieden! • Ich bin glücklich, dass ich ich bin!

Glücksstrategie Nr. 25:
Sorgen Sie für Ihren Schutzmantel!

Übung: Ein Schutzmantel für mein Selbst

Suchen Sie je nach Bedarf den Aspekt heraus, der Sie im Moment besonders anspricht, und erstellen Sie Ihren persönlichen »Schutzmantel für mein Selbst«.

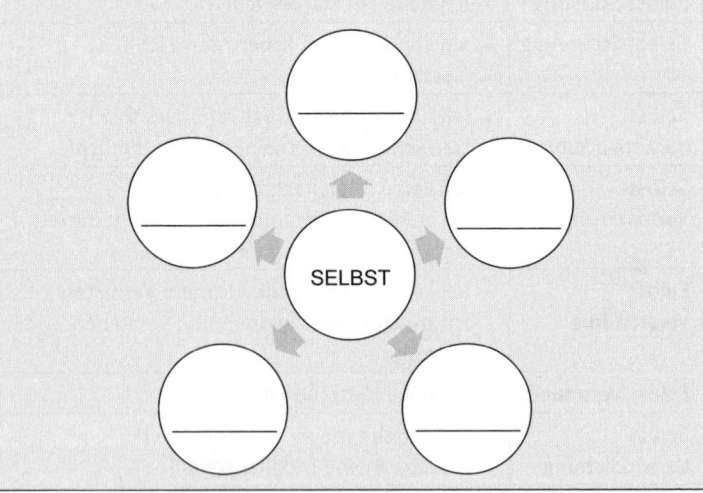

Ich möchte mir selbst der beste Freund sein!

Wir Menschen sind soziale Wesen und haben das natürliche Bedürfnis nach Affiliation, nach sozialem Kontakt. Die Gegenwart anderer ist für uns wichtig, besonders bei Notlagen, Stress und Krankheiten. Sozialer Kontakt reicht von Anziehung über Freundschaften, enge Beziehungen bis hin zu Ehe.

Freunde zu haben und Teil einer Gruppe zu sein ist ein Bedürfnis, das wir alle haben. Freundschaft stärkt uns und sichert uns die Unterstützung eines anderen Menschen zu. Ebenso wichtig ist jedoch auch, dass wir uns selbst der beste Freund sind.

Bei einem großen gemeinsamen Frühstück mit 10 Freunden am Neujahrsmorgen, an dem wir uns traditionell erzählen, was wir uns für das nächste Jahr vorgenommen haben, verblüffte uns eine Freundin mit ihrer Aussage: »Ich möchte mir selbst meine beste Freundin werden.« Daraus entwickelte sich eine interessante Diskussion, denn diese Anregung brachte jeden von uns zum Nachdenken. Ist es überhaupt notwendig, sich selbst der beste Freund zu sein? Wie gehen wir mit unseren sehr guten Freunden um, wie mit uns selbst? Wie reden wir mit unseren guten Freunden, wie mit uns selbst? Wie sehr sind wir für unsere guten Freunde da, wie sehr für uns selbst?

Wenn Sie Ihr Projekt »Mein bester Freund bin ich« starten, dann denken Sie daran, dass Freundschaften langsam wachsen. Haben Sie Geduld mit sich!

Übung: Ich möchte mir selbst der beste Freund sein!

Was, denken Sie, schätzen Ihre Freunde an Ihnen besonders?

Was ist in Ihrem Verhalten gegenüber Freunden anders als sich selbst gegenüber?

Was müssten Sie tun, damit Sie sich der beste Freund sind?

Überlegen Sie, was genau Sie dann tun würden.

Mein
bester
Freund bin ich,
indem …

Glücksimpuls:

Wenn ich mir selbst der beste Freund bin, …

_____

Und was noch? _____

Und was noch? _____

Und was noch? _____

Glücksstrategie Nr. 26:
**Seien Sie sich selbst
der beste Freund!**

Verlockende Zukunft

»Mut steht am Anfang des Handelns, Glück am Ende.«
Demokrit

Nach Ihrer Standortbestimmung geht der Blick in Richtung Zukunft. Was möchten Sie erreichen? Wo soll Ihre Lebensreise Sie hinführen? Welche Schritte werden Sie nun unternehmen?

Um eine glückliche Reise unternehmen zu können, ist es gut zu wissen, was Sie wirklich glücklich macht.

Von dort, wo Sie hier und heute stehen, können Sie unendlich viele Wege einschlagen. Wir denken nur manchmal, dass bestimmte Wege für uns schon vorgezeichnet sind. Wir denken, wir müssten so handeln, weil es von uns erwartet wird. Ich weiß aus unzähligen Geschichten, dass Menschen im Nachhinein dann glücklich mit Ihren Entscheidungen waren, wenn Sie die Wahlfreiheit hatten.

Stellen Sie sich vor, dass Sie vor einem großen Wald stehen, einem Wald mit vielen hohen Bäumen, in den unendlich viele Wege hineinführen. Es sind so viele, dass Sie sie von Ihrem Standpunkt aus nicht alle überblicken können. An den Wegen sind Markierungen, die Ihnen sagen, wie weit es zu den einzelnen Zielen ist. Was tun Sie nun? Welchen Weg werden Sie gehen? Wovon wird Ihre Entscheidung abhängen? Wenn Sie erst alle möglichen Wege suchen, um zu erfahren, welche Ziele zur Verfügung stehen, so wird viel Zeit vergehen, und Sie wissen trotzdem nicht, ob Sie dann alle möglichen Wege und Ziele gefunden haben. Wenn Sie erst mal einen Weg einschlagen, kann der Sie eventuell auf die falsche Fährte führen. Was wird Sie dort erwarten? Ist es nicht naheliegend, statt aller möglichen Wege nach dem zu suchen, der Sie dorthin führen wird, wo Sie hinwollen. Wenn Sie sich überlegen, zu welchem Ziel Sie gelangen wollen?

Nehmen Sie sich die Zeit dafür – finden Sie aktiv heraus, welchen Weg Sie wählen möchten!

Entwickeln Sie Visionen! Träumen Sie laut in richtigen Bildern! Finden Sie Ihre Ziele heraus!

Was macht mich glücklich-glücklich?

Die Idee für die folgende Übung stammt aus einem Buch von Tal Ben-Shahar (2007), einem sehr populären Dozenten der Harvard-Universität, der den Begriff »wirklich-wirklich« verwendet, wenn es darum geht, tiefer zu hinterfragen, was man tatsächlich möchte. Analog dazu habe ich die »Glücklich-glücklich-Übung« in 4 Schritten entwickelt, die dazu dient, unserer Kernintention auf die Spur zu kommen. Sie geht noch tiefer, als nur zu fragen, was uns glücklich macht, deckt also auf, was uns »glücklich-glücklich« macht.

Übung: Was macht mich glücklich-glücklich?

Wenn wir uns der Tatsache bewusst sind, dass unsere Lebenszeit begrenzt und das Leben kurz ist, dann ist die Entscheidung, welchen Weg wir einschlagen werden, von großer Bedeutung! Die Übung besteht aus 4 Teilschritten.

Schritt 1:
Überlegen Sie sich zuerst, welche Möglichkeiten Sie haben. Ganz ehrlich, wenn Sie nicht so aussehen wie Cindy Crawford, dann sollten Sie vielleicht nicht unbedingt Topmodel werden wollen. Aber bestimmt können Sie andere Dinge richtig gut. Tragen Sie diese in den obersten Kasten ein.

Schritt 2:
Nun schreiben Sie in den zweiten Kasten all die Dinge aus dem ersten Kasten hinein, die Sie machen wollen. Welche davon liegen Ihnen am Herzen?

Schritt 3:

Aus dem Kasten mit den Dingen, die Sie machen wollen, wählen Sie bitte all die aus, die Sie glücklich machen. Nehmen Sie aus dem zweiten Kasten so viele mit, wie Sie möchten. Das kann ein Aspekt sein, es können aber auch alle sein. Es gibt hierbei kein »richtig« oder »falsch«, sondern nur Ihre Lösung. Sollte Ihnen noch etwas einfallen, was nicht in Kasten 1 oder 2 stand, so schreiben Sie es trotzdem in den dritten Kasten und freuen Sie sich darüber.

Schritt 4:

Von den Dingen suchen Sie nun bitte die aus, die Sie glücklich-glücklich machen, die Ihnen tiefes nachhaltiges Glück verheißen.

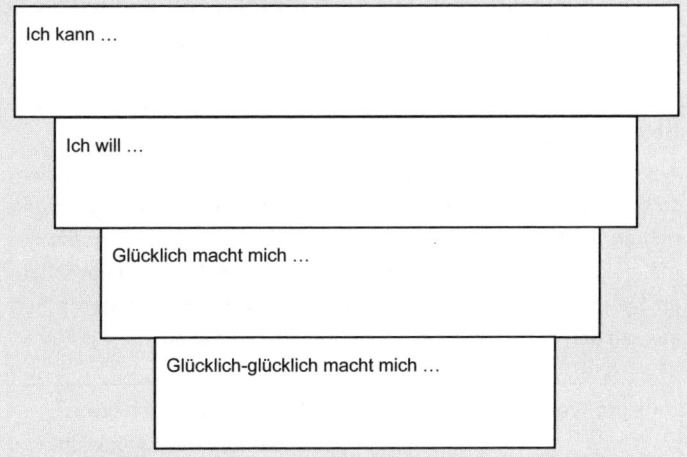

Ich kann …

Ich will …

Glücklich macht mich …

Glücklich-glücklich macht mich …

In diesem untersten Kasten steht nun all das, was Sie glücklich-glücklich macht und was Sie sich aus tiefstem Herzen wünschen – wenn Sie sich für diese Dinge entscheiden, dann tun Sie das, was Sie von Herzen tun wollen. So können Sie authentisch sein, Ihre Persönlichkeit entfalten und Ihren eigenen Erwartungen gerecht werden.

Wenn Sie die »Glücklich-glücklich-Übung« gemacht haben, werden Sie feststellen, dass Sie dann mit Ihren Gedanken nicht mehr an der Oberfläche geblieben sind, sondern im wahrsten Sinne des Wortes tiefliegende Bedürfnisse und Ziele gefunden haben.

Sie sind in tiefere Schichten Ihrer Persönlichkeit vorgedrungen. Wenn Sie nun überlegen, wie Sie Schritt für Schritt Ihre Möglichkeiten realisieren können, dann bewegen Sie sich in Richtung Zukunft und wissen, dass Sie Lebensfreude und Glück empfinden werden. Ist das nicht wunderbar?

Überlegen Sie, wie viel Sie bereits von dem tun, was Sie glücklich-glücklich macht. Wie viel Raum hat das schon heute in Ihrem Alltag? Wenn Sie bisher noch nichts oder nicht viel davon in Ihr alltägliches Leben integrieren konnten, so prüfen Sie, wie Sie einen Teil davon aus der Möglichkeit in die Wirklichkeit holen können. Wenn Sie das konkret umsetzen möchten, weil Sie wissen, dass es Sie glücklich-glücklich macht, dann können Sie gut von dem nachfolgenden Glückstipp profitieren:

Übung: 1x pro Woche

Angenommen, es würde Sie glücklich-glücklich machen zu malen, so besorgen Sie sich, wenn nötig, die erforderlichen Materialien und richten Sie sich ein Eckchen in Ihrer Wohnung ein, in dem Sie gut malen können. Wenn Sie alles dafür vorbereitet haben, dann schauen Sie in Ihren Terminkalender und suchen einen Wochentag heraus, an dem Sie wirklich gut eine Stunde Zeit hätten.

1 x pro Woche möchte ich	Der Tag, an dem ich etwas mache, was mich glücklich-glücklich macht:

Selbstverständlich können Sie je nach Zeit, Lust und Laune diesen Programmpunkt Ihres Lebens noch ausdehnen. Sie können somit ganz proaktiv Ihr Leben gestalten und Glücksaktivitäten in Ihr Leben integrieren.

Eine meiner Seminarteilnehmerinnen hatte als Ergebnis im vierten Kasten nur einen Satz stehen: »Ich möchte mir selbst meine beste Freundin sein.« Sie ging fast schon glückselig nach

Hause, denn sie wusste, dass sie das nun jeden Tag in Ihrem Leben praktizieren konnte. Viele Teilnehmer haben in den »Glücklich-glücklich-Kasten« mehrere Punkte eingetragen, von denen sich viele nicht ganz einfach umsetzen lassen. Aber zu wissen, was dort unten steht, was sozusagen der Extrakt ist, beflügelt die Teilnehmer dazu, an der Realisation zu arbeiten, auch wenn zwischen der Vision und der Realisation manchmal Jahre liegen können.

> Glücksstrategie Nr. 27:
> **Finden Sie heraus, was Sie glücklich-glücklich macht!**

Wovon träume ich?

Träume sind Schäume – so lautet eine alte Weisheit. Sie bedeutet, dass unsere Träume nicht Wirklichkeit werden können. Das sehe ich vollkommen anders. Ich bin eine große Befürworterin von Träumen, denn es gibt Träume, die Sie mit offenen Augen und bei vollem Bewusstsein träumen. Aus eigener Erfahrung weiß ich, dass aus Träumen Realität werden kann, wenn wir sie wie eine Vision fest vor Augen haben.

Denn handfeste Träume werden zu handfesten Visionen, die dann zu handfesten Projekten heranwachsen können. Davon bin ich fest überzeugt. Erst, wenn die Träume konkrete, anfassbare Visionen werden und nicht mehr nebulös in unserem Kopf herumspuken, können wir die ersten Schritte zur Umsetzung gehen. Dann ist die Zeit des Projektmanagements gekommen. Wie wichtig es ist, sich die Zeit dafür zu nehmen, in Ruhe zu träumen, zeigt das nächste Beispiel:

Katinka, eine 32-jährige Buchhändlerin, fühlte sich unkonzentriert und unzufrieden. Im Privatleben und Beruf lief *eigentlich* alles ganz gut, aber sie merkte, dass irgendetwas nicht stimmte, sodass sie ins Coaching kam.

Sie nahm eine weite Anreise aus ihrem Heimatort in Kauf, denn sie wollte ihre frühere Leichtigkeit unbedingt zurückgewinnen. Auf der Suche nach der Ursache für ihre Situation stießen wir auf etwas sehr Bemerkenswertes: Katinka hatte verlernt zu träumen. Sie konnte sich gut an eine Zeit in ihrem Leben erinnern, in der sie sich sehr wohl und ausgeglichen fühlte – ganz in Harmonie mit sich selbst. Das war eine Zeit, in der sie regelmäßig kleine »Ruhe-Inseln« in ihren Alltag eingebaut hatte. Sie brauchte dafür nicht mehr als einen kleinen Sessel, in dem sie sitzen, träumen und ihre Gedanken fließen lassen konnte.

Sie beschrieb, wie gut es ihr früher damit gegangen war und wie viel Inspiration sie daraus für ihre Kreativität geschöpft hatte. Das war es: Kreativität! Ihr jetziger Alltag bot keinerlei Spielraum für kreative Aktivitäten. Durch freies Assoziieren zum Thema Träumen und was genau ihr das ermöglichte, kamen nach und nach die verschiedensten Ressourcen, die Katinka in sich trug, zum Vorschein. Mit jeder weiteren Ressource blühte sie auf und strahlte neue Lebensfreude aus. Früher hatte sie sich in Form von Tanz, Malerei und Gitarre-Spielen ausdrücken können und so ihre Persönlichkeit entfaltet.

Wir überlegten, wie es ihr gelingen könnte, diese wiedergefundenen Ressourcen beizubehalten. Sie ging zunächst mit dem Vorsatz nach Hause, regelmäßig zu träumen. Die Aussicht darauf weckte in ihr große Zuversicht.

Nach 4 Wochen kam sie wieder ins Coaching. Sie hatte die Zeit seit dem letzten Termin dafür genutzt, eine »Traumecke« einzurichten, und hatte jeden Montagmorgen eine halbe Stunde geträumt. In der letzten Woche war ihr dann die Idee gekommen, wie sie Kreativität im Alltag leben konnte: Sie hatte sich einer Tanzgruppe angeschlossen und auch noch ein Vorspiel bei einer Band mitgemacht. Musik sollte wieder zu ihrem aktiven Leben gehören. Die Vorfreude auf das, was noch kommen würde, beflügelte Katinka und ließ sie ausgeglichener und fröhlicher werden.

Erst wenn wir den Kopf frei haben, können wir erträumen, was wir wirklich möchten und was uns glücklich-glücklich macht. Dann können wir Visionen schaffen.

Was bereitet Ihnen so eine Vorfreude, dass Sie sich gestärkt und unternehmenslustig fühlen? Wovon träumen sie?

Denken Sie daran: Wenn Sie es träumen können, können Sie es auch tun!

Glücksimpuls:
Schon immer habe ich davon geträumt, ...

_____

Und wovon noch? _____

Und wovon noch? _____

Und wovon noch? _____

Es ist nie zu spät! Neulich war ich zu einem Vortrag im Rahmen eines Frauen-Frühstücks, zu dem etwa 100 Frauen aller Altersstufen mit unterschiedlichen Berufen und unterschiedlichen Geschichten gekommen waren. Schon vor dem Einlass traf ich in den Waschräumen eine etwa 80-jährige kleine Dame, die sich für den Anlass richtig hübsch gemacht hatte. Wir lächelten uns freundlich zu und sie fragte mich, ob ich mich auch so auf einen »Vormittag voller Glück« freuen würde. Ich gab mich als Referentin zu erkennen, und sie fasste meine Hand: »Wissen Sie, da bin ich nun schon 80 Jahre auf dieser Erde, und nun möchte ich noch mehr über mich und mein Glück erfahren. Dafür ist es doch nie zu spät, oder?« Nein, dafür ist immer die richtige Zeit. Denn die richtige Zeit ist immer jetzt! Jetzt gerade können Sie Ihrem Leben eine neue Richtung geben, wenn Sie es wünschen. Sie können Platz für Ihre Träume machen und diese dann Schritt für Schritt wahr machen.

Überlegen Sie, wovon Sie dann träumen möchten, was Sie mit Freude und auch Sinn erfüllt, was gut für Sie umsetzbar und erreichbar ist. Denken Sie an die Sache mit Cindy Crawford und die »Glücklich-glücklich-Übung« – wählen Sie etwas, was innerhalb Ihrer Möglichkeiten liegt.

Übung: Träumen zu zweit

Rufen Sie einen Freund oder eine Freundin an und verabreden Sie sich zu einem »traumhaften Vormittag«. Bereiten Sie ein schönes Frühstück vor und fangen Sie an zu träumen. Die folgenden Fragen könnten Ihnen dabei behilflich sein:

- Wovon träumst du?
- Was wünschst du dir?
- Wenn du einen Wunsch frei hättest, was würdest du dann machen?
- Was vermisst du von dem, was du früher einmal gemacht hast?
- Wobei vergisst du Raum und Zeit?
- Worauf möchtest du auf keinen Fall verzichten?
- Wofür würdest du dir gern mehr Zeit nehmen?

1. Schreiben Sie sich gegenseitig die Ideen auf, die Ihnen beim gemeinsamen Träumen gekommen sind.
2. Überlegen Sie gemeinsam für jeweils ein Teilergebnis, wie Sie das konkret umsetzen können.
3. Entwickeln Sie daraus für jeden von sich eine realistische Aufgabe, die Sie in der nächsten Woche umsetzen möchten.
4. Planen Sie dabei konkret, was Sie dafür benötigen, wo und wann Sie das tun können und motivieren Sie sich gegenseitig.
5. Verabreden Sie ein weiteres Treffen, z. B. eine Woche später, bei dem Sie Ihre Erfahrungen austauschen und sich eventuell weiterhin inspirieren können.

Wenn Sie diese Übung erfolgreich umgesetzt haben, dann können Sie Ihren Traumhorizont nun ganz weit fassen. Vielleicht hilft es Ihnen, sich zu fragen, wo Sie in

- 1 Monat ab heute: _____ (tragen Sie hier das Datum ein)
- 1 Jahr ab heute: _____ (tragen Sie hier das Datum ein)
- 5 Jahren ab heute: _____ (tragen Sie hier das Datum ein)
sein möchten.

Ein fixes Datum einzutragen dient dazu, dass Sie das Vorhaben nicht endlos vor sich herschieben. Wenn Sie planen, Ihr angestrebtes Ziel »in einem Jahr« zu erreichen und vergessen zu starten, dann schieben Sie dieses Jahr quasi vor sich her. Ehe Sie sich versehen, vergeht viel Zeit, ohne dass Sie anfangen müssen. In dem Moment, wo Sie ein Zieldatum fixieren, tickt die Zeit rückwärts und der von Ihnen anvisierte Zielzeitpunkt rückt Stück um Stück näher. So können Sie auch durch Ihr Verhalten zeigen, wie ernst es Ihnen mit Ihrem Traum ist. Betrachten Sie es einfach als eine Art Instrument, mit dem Sie sich selbst überprüfen können.

> **Glückstipp: Werden Sie Projektmanager für Ihre Visionen!**
> Wenn Sie geträumt haben und eine Vision Gestalt annimmt, dann beginnen Sie mit Ihrem eigenen Projekt. Planen Sie die nächsten Schritte, treffen Sie die notwendigen Entscheidungen und lassen Sie sich auch von Rückschlägen nicht bremsen. Bleiben Sie dran und geben Sie Ihr Bestes! Wichtig: Behalten Sie Ihr Ziel im Auge! Wenn Sie merken, dass Zweifel aufkommen – »Das schaffe ich ja eh nicht« –, dann vielleicht, weil Sie schon einmal erlebt haben, dass Sie ein Ziel nicht erreicht haben. Okay, das kann passieren, aber solange Sie Ihr Bestes gegeben haben, müssen Sie das später nicht bedauern.

Glücksstrategie Nr. 28:
**Machen Sie Ihre
Träume wahr!**

Auch Irrwege führen zu Zielen

Selbst wenn Sie einen Weg einschlagen, der Sie am Ende nicht an das gewünschte Ziel bringt, haben Sie aber doch die Erfahrung gemacht, dass *dieser Weg* nicht der Ihre ist. Diese Erfahrung hat nur vordergründig etwas von Scheitern. Denn wenn wir ehrlich mit uns sind, wissen wir, dass gerade Irrwege uns gute Impulse für weitere Träume und Visionen geben können. Es ist wie bei der Ausschlussmethode: *Das* wollen wir schon mal nicht weiterverfolgen – eine nützliche Erkenntnis!

Berit, Mitte 30, hatte die Idee, sich mit dem Nähen von Kinderkleidung selbstständig zu machen. Als ihre Kinder klein waren, hatte sie sie mit größtem Vergnügen von Kopf bis Fuß eingekleidet. So entstand die Idee, dass sie auch für andere Kinder nähen könnte. Nach einem Umzug hatte sie eine Etage in dem neuen Haus als Nähatelier eingerichtet. Sie träumte schon seit Längerem davon, wie die anderen Kinder der Kleinstadt ihre Kollektionen tragen würden.

Doch dann musste sie sich eingestehen, dass sie das Ergebnis ihrer Handarbeit zwar gern mochte, die eigentliche Tätigkeit ihr aber gar keine Freude bereitete – sie war nur ein notwendiges Mittel zum Zweck. Berit war bislang nur dabeigeblieben, weil sie solche Freude daran hatte, ihre eigenen Kinder in den selbstgenähten Hosen und Jacken zu sehen. Das waren kleine überschaubare Aufgaben gewesen. Aber bei den anderen Kindern hätte sie leicht den Bezug verloren, was ihrer Motivation einen gewaltigen Dämpfer verpasste und ihr die Freude an der ganzen Idee nahm. Sie hatte zwar noch keine Alternative, aber sie wusste, dass sie das Nähatelier nicht mehr wollte.

Manchmal bemerkt man erst bei der Umsetzung eines eigenen Projektes, dass man auf dem falschen Dampfer ist. Dann fällt es schwer, zurückzurudern. »Was, du machst das nicht mehr? Du hattest doch gesagt, dass du das unbedingt wolltest!« Ja, das stimmt! Das haben Sie in Ihrer Planungsphase einmal gewollt, deshalb haben Sie ja ein bestimmtes Projekt ins Leben gerufen. Haben Sie keine Angst, zu Ihren Gefühlen zu stehen! Es ist doch *Ihr Leben*! Gut, dann sind die anderen vielleicht erstaunt, erfreut oder enttäuscht, vielleicht titulieren sie Sie sogar auch als inkonsequent – aber glauben Sie mir, das gibt sich schneller, als Sie denken. Je früher Sie auf Ihre innere Stimme hören, desto mehr Zeit gewinnen Sie für die Überlegungen, was Sie stattdessen machen möchten. Wunderbar! Auf ein Neues – suchen Sie sich ein neues Ziel!

Wo möchte ich hin?

»Glück ist Talent für das Schicksal.«
Novalis

Kennen Sie das, dass Sie sich auf der Suche nach neuen Zielen bereits bremsen, bevor Sie mit Ihren Überlegungen überhaupt begonnen haben? Sie können nicht losfahren, wenn Sie auf der Bremse stehen.

Lösen Sie die Bremse!
Wenn Sie sich überlegen, wo Ihr Weg Sie hinführen könnte, prüfen Sie noch einmal, ob Sie wirklich bereit dafür sind. Manchmal werden Zielüberlegungen schon im Voraus von uns selbst ausgebremst, weil wir uns das doch nicht so recht zutrauen oder weil wir denken, dass es sowieso keinen Sinn hat – vielleicht sogar Spinnerei und völlig aus der Luft gegriffen ist. Vielleicht sind schon andere Ideen von Ihnen wie Seifenblasen geplatzt. »Das wird sowieso nichts«, hören Sie Ihre innere Stimme sagen. Wieso sollten Sie noch mal von vorn überlegen? Gut, und damit sind Ihre Bemühungen dann schnell auf Eis gelegt, und der Zeitpunkt für eine Veränderung ist verronnen – einfach so.

Ich rate Ihnen, noch mal von vorn zu überlegen. Wieso? Weil es Ihr Leben ist und Sie alle Chancen haben und Ihnen alle Türen offen stehen. Wenn jetzt nicht der beste Zeitpunkt für neue Zieldefinitionen ist, dann lassen Sie sich Zeit. Vielleicht müssen Sie erst noch wie Katinka etwas träumen. Dann träumen Sie und vertrauen Sie darauf, dass Sie in einigen Wochen oder Monaten Ihr Ziel finden können.

Als ich selbst beruflich noch auf der Suche war, arbeitete ich eine Weile als freie Mitarbeiterin für eine Tageszeitung. Ich zog ich mit einer kleinen Kamera durch unsere Kleinstadt und bekam Einblicke in die unterschiedlichsten Bereiche, ging zum Hahnen-Wettkrähen, schrieb über Theaterpremieren, Ausländerbeiratssitzungen, Orgelkonzerte und interviewte mit größtem Vergnügen Ehepaare anlässlich ihrer goldenen Hochzeit.

Wenn ich heute zurückblicke, so weiß ich, dass mir damals bewusst wurde, wie sehr ich es liebe, mit unterschiedlichsten Menschen zusammenzutreffen, und wie sehr mich Ihre Geschichten interessieren. Für mich war das Zusammentreffen mit anderen von jeher Inspiration und Faszination zugleich. Mir über das Denken und Verhalten meiner Mitmenschen Gedanken zu machen – das ist meine Berufung, mein Talent.

Glücksstrategie Nr. 29:
Entdecken Sie Ihr Talent!

Jeder hat etwas, was er gerne macht und gut kann. Nur manchmal wissen wir noch nicht sofort, was das ist. Wenn es Ihnen so geht, dann probieren Sie etwas Neues aus. Wagen Sie Dinge, die Sie früher kaum zu träumen gewagt hätten. Überlegen Sie, was Ihnen helfen könnte, innere Blockaden aufzulösen. Sehr gute Erfahrungen habe ich mit der »Tante-Emma-Übung« gemacht.

Als kleines Mädchen war ich für mein Leben gern bei meiner Tante Emma, die allein in einem Haus wohnte, das mich an die Villa Kunterbunt erinnerte. Es gab einen riesigen Garten, der einem Abenteuerspielplatz gleichkam. Als Kinder konnten wir uns herrlich darin verstecken, auf die hohen Bäume klettern, Obst vom Baum naschen, zelten und einfach Spaß haben. Das Besondere an meiner Tante Emma war für mich, dass sie immer das machte, was sie wollte. Im Winter ging sie mit kurzen Ärmeln im Dorf spazieren, sie rauchte so viel, wie sie wollte, machte es sich abends mit einem Glas Rotwein gemütlich und legte Patiencen. Sie war sehr unkonventionell und scherte sich in keiner Weise darum, was andere von ihr dachten. Für mich war sie so etwas wie eine moderne, aber alte Pippi Langstrumpf.

Wen finden Sie toll? Wen bewundern Sie? Wem würden Sie gern nacheifern? Wer ist Ihr Vor-Bild? Wessen Bild haben Sie bei bestimmten Eigenschaften vor Augen? Es kann jemand aus Ihrer Familie und Ihrem Freundeskreis sein oder aber eine Figur aus der Literatur, aus dem Fernsehen oder eine beeindruckende historische Persönlichkeit.

Übung: Meine »Tante-Emma«

Denken Sie an jemanden, den Sie toll finden und der Sie auf seine Art begeistert.

_____

Was genau bewerten Sie an dieser Person als positiv? Schreiben Sie 3 Merkmale auf, die Ihnen besonders gefallen.

1._____2._____3._____

Überlegen Sie, wie Sie diese 3 Merkmale in Ihr persönliches Leben übernehmen könnten. Angenommen, Sie hätten das Merkmal »unbeschwert« ausgewählt, dann könnten Sie planen, gelassener mit Fehlern und unangenehmen Dinge umzugehen. »Ich lasse mich nicht so schnell aus der Ruhe bringen.«

1. _____

2. _____

3. _____

Wenn Ihnen diese Übung gefällt, dann können Sie neben einzelnen Merkmalen der Personen auch ganze Strategien herausfiltern, die Sie an anderen bewundern. Schauen Sie sich in Ihrem Umfeld genau um. Von wem können Sie etwas lernen? In welchen Lebensbereichen möchten Sie noch wachsen oder etwas erreichen?

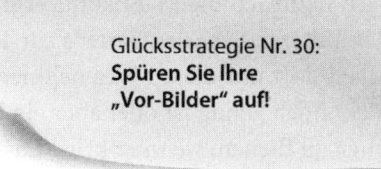

Glücksstrategie Nr. 30:
**Spüren Sie Ihre
„Vor-Bilder" auf!**

Motiviert?

Manchmal möchten wir ein bestimmtes Ziel erreichen, aber wie? Wichtig in puncto Zielerreichung ist die Art und Weise, *wie* Sie die Ziele anstreben. Sind Sie ehrgeizig und zielstrebig? Sind Sie leicht abzulenken von Ihren Zielen? Wie ernst nehmen Sie Ihre Ziele? Wie steht es mit Ihrer Motivation?

Kennen Sie die zwei Arten der Zielerreichung? Geprägt hat mich eines meiner Lieblingsbücher: »Schöpferische Freiheit« von Wolfgang Metzger (1962). Der Gestaltpsychologe bezeichnet Motivation als *Zug zum Ziel* – das Ziel übt also eine Anziehungskraft aus und erhöht somit die Motivation.

Für eine gegebene Aufgabe können wir zwei Methoden zur Zielerreichung wählen:

Aufgabe

Nehmen wir einmal an, ich möchte meinen Hund dazu bewegen, dass er aus dem Garten ins Haus kommt. Welche Möglichkeiten habe ich?

Ausgangs-
situation   Ausgangspunkt   Ziel

Abb. 22a: Ausgangssituation

Methode I: Ziel erzwingen

Ich könnte meine Kinder bitten, hinter ihm herzulaufen und ihn ins Haus zu treiben. Das geht vielleicht ein- oder zweimal gut. Wenn der Hund das aber nicht möchte, wird er es nicht tun, sondern weiter vergnügt im Garten umherspringen. Damit ist er aber noch nicht im Haus – ich habe mein Ziel nicht erreicht.

Nun könnte ich natürlich die Maßnahme ergreifen, eine Art Zaungang von der hinteren Ecke des Gartens zur Terrassentür zu bauen, sodass er von dort nur diesen Weg nehmen kann. Sobald aber der Zaun nicht hoch genug ist oder aber ein Loch hat, wird er wieder versuchen zu fliehen, wenn er keine Lust hat, ins Haus zu kommen.

Fazit der erzwungenen Zielwahl

Jemanden zu etwas zu bewegen, wovon er nicht wirklich überzeugt ist, ist nahezu unmöglich, denn genau wie unser Hund wird er nach Schlupflöchern und »Notausgängen« suchen. Wir werden, wenn überhaupt, unser Ziel nur mit strengen Regeln oder Anweisungen erreichen. Das gilt auch für uns und unsere Ziele!

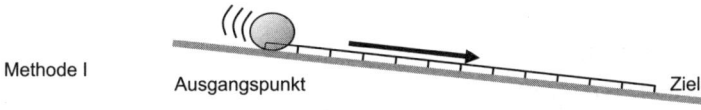

Methode I   Ausgangspunkt   Ziel

Abb. 22b: Methode I

Methode II: freie Zielwahl

Wenn ich nun etwas an die Terrassentür lege, was meinen Hund brennend interessiert oder ihn mit einem Leckerli locke, dann wird er wie von Zauberhand und von ganz allein aus dem Garten ins Haus gelaufen kommen.

Fazit der freien Zielwahl

Wenn der Zug zum Ziel, also die Anziehungskraft, sehr stark ist, dann werden wir unser Ziel erreichen, komme, was da wolle. Denn unsere Motivation ermöglicht uns, Hindernisse zu überwinden und die erforderliche Kraft aufzubringen. Es ist ein dynamisches Geschehen, das wir steuern und lenken können.

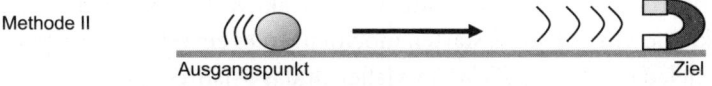

Methode II   Ausgangspunkt   Ziel

Abb. 22c: Methode II

Besonders schön hat der französische Schriftsteller Antoine de Saint-Exupéry die Methode der freien Zielwahl beschrieben (1969):

»Wenn du ein Schiff bauen willst, dann trommle nicht Männer zusammen, um Holz zu beschaffen, Aufgaben zu vergeben und die Arbeit einzuteilen, sondern lehre die Männer die Sehnsucht nach dem weiten, endlosen Meer.«

Welches Ziel erscheint Ihnen so attraktiv, so anziehend, dass Sie es erreichen können, auch wenn Stolpersteine im Weg liegen? Wonach haben Sie Sehnsucht?

Glücksimpuls:
Ich habe Sehnsucht nach ...

_____

Und wonach noch? _____

Und wonach noch? _____

Und wonach noch? _____

Glücksstrategie Nr. 31:
**Nehmen Sie Ihre
Sehnsucht wahr!**

Angenommen, ich wäre schon da ...

Welches Ziel erscheint Ihnen so attraktiv, dass Sie dafür eine kleine Zukunftsreise starten möchten? Ist es ein sehr kurzfristiges Ziel, das 1-Jahres-Ziel oder vielleicht das 5-Jahres-Ziel?

Wählen Sie eines aus und »beamen« Sie sich in Gedanken dorthin. Stellen Sie sich vor, wie ein typischer Tag aussehen würde, wenn Sie Ihr Ziel schon erreicht hätten.

Diese »Zukunftsreise-Übung« habe ich einmal mit Rita, einer 55-jährigen Klientin gemacht, die seit 15 Jahren selbstständig als Ergotherapeutin arbeitete. Sie hatte sich in den letzten 2 Jahren verstärkt mit Entspannungstechniken beschäftigt und überlegte nun, ob sie noch eine weitere Ausbildung zur Yoga-Lehrerin beginnen sollte – mit 55 Jahren! Sie war sich unsicher, weil diese Ausbildung doch einen erheblichen finanziellen und zeitlichen Aufwand mit sich brachte. Also lud ich sie dazu ein, sich einen Tag in 5 Jahren in allen Details vom Aufwachen bis zum Schlafengehen auszumalen, wenn sie eine kleine Yoga-Schule betreiben würde. Nachdem der imaginäre Tage dann zu Ende gegangen war, lächelte Rita. Sie spürte, dass diese Vision sich richtig und gut für sie anfühlte. Die Aussicht auf solch einen Tag in der Zukunft bestärkte sie in ihrem Entschluss, die Ausbildung anzugehen. Ihre Vorfreude war zum Motor ihres Vorhabens geworden. Sie hatte durch diese Übung schon während des Coachings die Auswirkungen und den positiven Effekt in der Zukunft ausprobieren können und begann ein Vierteljahr später die Ausbildung.

Ich habe es schon oft erlebt, dass durch die »Zukunftsreise-Übung« Zielentscheidungen gefestigt werden. Es ist eine exzellente Möglichkeit, sich zu prüfen, wie sehr das Ziel leuchtet. Wenn es ein helles Leuchten ist, dann werden durch die Übung Kräfte mobilisiert und Planungsmaßnahmen konkretisiert.

Es kann aber auch der gegenteilige Effekt eintreten. Wenn es nicht gelingt, den imaginären Tag in der Zukunft klar und hell als Bild im Kopf entstehen zu lassen, so kann das auch ein Hinweis darauf sein, dass man das Ziel noch einmal überprüfen sollte.

Entwickeln Sie die Vision für einen Tag in 5 Jahren – vom Frühstück bis zum Schlafengehen.

Übung: Die Zukunftsreise

Wählen Sie ein Ziel für diese Übung aus, das Sie für sich in Erwägung ziehen. Stellen Sie sich nun vor, dass ein Jahr vergangen ist. Setzen Sie Ihren Gedanken keine Limits, sondern gehen Sie mutig auf Reisen:

- Wo wachen Sie in einem Jahr auf?

  _____

- Was sehen Sie, wenn Sie frühstücken?

  _____

- Welche Kleidung werden Sie anziehen?

  _____

- Wann gehen Sie aus dem Haus?

  _____

- Wohin gehen Sie?

  _____

- Wen treffen Sie dort?

  _____

- Was tun Sie dort, wo Sie hingegangen sind?

  _____

- Welche Fähigkeiten sind dort gefragt?

  _____

- Welche Kompetenzen zeichnen Sie aus?

  _____

- Wer ist noch dort?

  _____

- Mit wem sprechen Sie?

  _____

- Zu wem gehören Sie dann?

  _____

- Mit wem verbringen Sie Ihre Mittagspause?

  _____

- Mit welchen Menschen haben Sie zu tun?

  _____

- Wenn Sie nach Hause kommen, wer wartet dort auf Sie?

  _____

- Wie verbringen Sie Ihren Abend?

  _____

- Wenn Sie im Bett liegen, was denken Sie dann?

- Wenn Sie den Tag Revue passieren lassen, wie geht es Ihnen dann?

- Für welche Werte stehen Sie?

- Was ist Ihnen dann wichtig?

- Wer sind Sie dann, wenn Sie das tun, was Sie in einem Jahr tun?

- Warum tun Sie das, was Sie gerade tun?

- Was erfüllt sich dadurch für Sie?

Und? Wie geht es Ihnen nun? Sind Sie erstaunt, was Ihre Fantasie Ihnen an Bildern und Gedanken geschenkt hat?

In Coachings habe ich während dieser Übung schon ausgesprochen interessante Vorstellungen und die abenteuerlichsten Bilder erlebt. Ein Bankangestellter sah sich am Theater – und das nicht erst abends, sondern schon morgens, wenn er zur Arbeit ging. Er war anfangs eher irritiert als erfreut. Aber stellen Sie sich vor: Vor Kurzem rief er mich an, denn er organisierte die Feier zum 120-jährigen Bestehen des Theaters, zu der er mich einlud. Tatsächlich hatte ihn sein Weg in die Verwaltung des Theaters geführt.

Glücksstrategie Nr. 32:
Setzen Sie sich Ziele!

Blick in die Vergangenheit –
Der Rucksack-Check

Wenn Sie sich von Ihrem Standort aus Ziele für sich suchen und festlegen und die nächsten Schritte für Ihre Zukunft planen, dann ist es gut, wenn Sie die vor Ihnen liegenden Etappen leichten Herzens und mit leichtem Gepäck angehen können. Doch dort, wo Sie sich jetzt, hier und heute befinden, haben Sie schon ein gutes Stück Ihres Lebensweges zurückgelegt. Sie haben Ihre gesamte Entwicklungsgeschichte in Form von Erfahrungen, Erinnerungen und Erlebnissen bei sich. Stellen Sie sich vor, dass all das Platz in einem Rucksack gefunden hat, den Sie auf Ihrem Rücken tragen – auch für die nächste Wegstrecke.

Wie gefällt Ihnen die Vorstellung, dass Sie in diesem Rucksack auch wirklich nur das Allernotwendigste dabei haben? Haben Sie schon einmal eine längere Wanderung gemacht?

Ich bin als Schülerin mit einer Gruppe von Freunden über Kreta gewandert. Unsere Route führte uns die Samaria-Schlucht hinauf, die mit einer Länge von 17 km eine der längsten Schluchten Europas ist.

Wir waren richtig professionell ausgestattet. Mein Rucksack war mit 8 Kilo Gesamtgewicht glücklicherweise einer der leichtesten, aber wissen Sie, wie schwer er im Laufe eines jeden Tages wurde? Wenn wir einen Teil unseres Tagespensums bereits hinter uns gebracht hatten, hatte jeder von uns das Gefühl, dass auf unerfindliche Weise Wackersteine in seinen Rucksack gelangt waren. Mit jedem Schritt wurde unser Gepäck schwerer, am Nachmittag dachten wir, dass wir nicht einen Schritt weitergehen könnten. Doch abends, wenn wir unser Ziel erreicht hatten, waren wir froh und glücklich und sammelten Energie für den nächsten Tag.

Sehen Sie: Selbst wenn wir nur das mit uns herumtrugen, was wir wirklich dringend benötigten, kostete es schon viel Anstrengung und Kraft. Glauben Sie mir, jeden Abend überprüfte jeder von uns erneut, ob er nicht mit noch weniger Gepäck auskommen könnte.

Während unserer 2-wöchigen Reise konnte sich nicht wirklich viel Überflüssiges in unserem Rucksack ansammeln. Wir kauften hier und da ein paar schöne Souvenirs oder sammelten besondere Steine und Muscheln, die wir als Erinnerung mit nach Hause nehmen wollten. Wir hatten die Wahl zu entscheiden, was wir auf unsere Schultern laden wollten.

Was habe ich in meinem Rucksack?

Damit Sie die nächsten Etappen auf Ihrem Lebensweg gut und kraftvoll meistern, ist es ratsam, einmal genauer zu schauen, was Sie in Ihrem Rucksack haben.

Die Sache mit dem Heißluftballon

Angenommen, Sie befinden sich in einem Heißluftballon, der fest vertäut am Boden steht. Wenn Sie nun Ihre Reise starten möchten, dann müssen Sie zunächst die Seile lösen, die den Heißluftballon am Boden fixieren. Dabei können Ihnen die auf der Erde verbleibenden Menschen helfen. Wenn Sie dann hoch und höher fahren möchten, so gelingt es Ihnen nur, wenn Sie die an Bord befindlichen Sandsäcke aus dem Korb werfen, denn sonst verhindert das Gewicht, dass Sie höher aufsteigen können.

Die Seile können Sie sich als Verbindungen vorstellen, die Sie am Boden zurückhalten und Ihren Aufstieg Richtung Glück ausbremsen – es ist ratsam, diese Verbindungen zu trennen. Die Sandsäcke stehen für all das, was Ihnen Ihr Leben im wahrsten Sinne des Wortes beschwerlich macht.

Zwei Arten von Souvenirs

Packen Sie doch zunächst einmal aus, was Sie in Ihrem Rucksack haben. Schwelgen Sie einfach mal in Erinnerungen. Welche Erinnerungen haben Sie an das, was bereits hinter Ihnen liegt? Die Dinge, die sich in Ihrem Rucksack befinden, sind im Grunde genommen Souvenirs aus vergangenen Tagen. Es sind Ihre Andenken – schöne Souvenirs, die Ihnen am Herzen liegen, und ausgediente Souvenirs, die Sie gar nicht leiden können. Doch nicht alle haben Sie bewusst eingepackt – für einige haben Sie sich gar nicht entschieden, sondern andere Menschen haben Sie Ihnen dort hineingelegt. Es ist nicht so wichtig, warum die Mitbringsel von früher in Ihrem Rucksack gelandet sind. Sie müssen nicht die genauen Ursachen dafür kennen, wichtig ist es anzuerkennen, dass diese Dinge in Ihrem Rucksack sind!

Was können Sie nun tun? Sie können auswählen, welche Sie weiterhin mitnehmen möchten und welche Sie nicht mehr benötigen, weil Sie sie am Boden halten. Ziehen Sie Bilanz!

Glücksimpuls:

Es ist gut für mich, den Rucksack-Check durchzuführen, damit ich ...

_____

Und wozu noch? _____

Und wozu noch? _____

Und wozu noch? _____

Glücksstrategie Nr. 33:
**Machen Sie Frühjahrsputz
in Ihrer Seele!**

Was möchte ich mitnehmen?

Erfahrungen, Erinnerungen und Erlebnisse, die Ihnen guttun, mit denen Sie positive Gefühle verbinden und die Ihnen etwas bedeuten, sollten Sie sich bewusst machen und liebevoll wieder in Ihren Rucksack legen. Diese Souvenirs wiegen leicht und werden Ihnen die weitere Reise nicht schwer machen, denn Sie bergen Positives für Sie, auf das Sie bei Bedarf jederzeit bei einem Zwischenstopp noch einmal einen Blick werfen können und von dem Sie zehren können.

Übung: Schöne Souvenirs

Wenn Sie die letzten Jahre und Jahrzehnte Revue passieren lassen, welche Souvenirs bedeuten Ihnen etwas? Welche wecken kostbare Erinnerungen in Ihnen? Welche bringen Sie unmittelbar zu schönen und bedeutungsvollen Erlebnissen zurück? Welche stehen für glückliche und ermutigende Erfahrungen? Notieren Sie hier die 5 schönsten Souvenirs.

Souvenir 1:
_____

Souvenir 2:
_____

Souvenir 3:
_____

Souvenir 4:
_____

Souvenir 5:
_____

Glücksstrategie Nr. 34:
**Wertschätzen Sie Ihre
kostbaren Erinnerungen!**

Wovon möchte ich mich trennen?

Souvenirs, die schwer wiegen und viel Platz in Ihrem Rucksack einnehmen, müssen Sie nicht mitnehmen und tragen. Dies können Erlebnisse sein, die in uns unangenehme Gefühle, Bitterkeit oder gar Groll auslösen. Ob es nun kleinere Missverständnisse waren oder Erfahrungen, die Ihnen schwer zu schaffen machen. Besonders belastend können einige zwischenmenschliche Beziehungen sein, die unangenehme Erinnerungen hervorrufen. Insbesondere die Beziehungen zu den Eltern, Geschwistern und der engsten Familie fallen oftmals sehr ins Gewicht, wenn sie konfliktreich und anstrengend waren oder sind, denn sie sind für uns von besonderer Bedeutung. Manchmal hegen wir Groll oder negative Gefühle zu anderen, weil wir auf diese Weise noch mit diesen Menschen verbunden sind, auch wenn wir uns sonst nichts mehr zu sagen haben. Der Preis ist jedoch der, dass wir an diesen Erinnerungen und Gefühlen schwer tragen. Diese Souvenirs nehmen nur Platz weg, den Sie besser für Ihre schönen Souvenirs nutzen könnten.

Prüfen Sie doch einmal für sich, ob es nicht das eine oder andere unliebsame »Mitgebsel« gibt, also etwas, dass Ihnen jemand anders mitgegeben hat, damit er es nicht tragen muss, von dem Sie sich schon jetzt trennen können. Geben Sie es ihm im wahrsten Sinne des Wortes zurück. Vielleicht hilft Ihnen der Gedanke, dass dieser andere Mensch wahrscheinlich so gut gehandelt hat, wie er konnte. Wahrscheinlich wollte er sie nicht absichtlich kränken, sondern in Ihrer Beziehung lief irgendetwas schief. Vielleicht tragen Sie aber auch die Erwartungen anderer mit sich, die Sie so nicht erfüllen möchten.

Haben Sie noch ein Mitbringsel dabei, das Sie sich in Ihren Rucksack gepackt haben, damit ein anderer nicht so schwer tragen muss? Aber nun tragen Sie etwas, was gar nicht zu Ihnen gehört – warum auch immer. Nun haben Sie das auch noch als Souvenir dabei.

Übung: Ausgediente Souvenirs

Welche Souvenirs würden Sie bei dem Blick in Ihren Rucksack gern zurücklassen? Von welchen möchten Sie sich gern trennen, damit Sie Ihren Weg unbeschwerter fortsetzen können? Welche waren lange genug in Ihrem Rucksack und sind nun einfach nicht mehr passend? Welche können Sie beruhigt auspacken, damit Sie Platz für schöne neue Souvenirs haben? Notieren Sie hier 5 Souvenirs, die Sie nicht mehr benötigen.

Souvenir 1:

_____

Souvenir 2:

_____

Souvenir 3:

_____

Souvenir 4:

_____

Souvenir 5:

_____

Glücksstrategie Nr. 35:
**Trennen Sie sich von
den Erwartungen anderer!**

Wie kann ich loslassen?

Wenn Sie den Blick auf Ihre ausgedienten Souvenirs richten, dann fragen Sie sich vielleicht, ob und wie Sie alte Verbindungen lösen können. Einige Erlebnisse sind vielleicht so schwerwiegend, dass Sie sich nicht allein davon trennen können. Scheuen Sie sich nicht, sich dafür Unterstützung zu holen, denn die Aussicht, nicht mehr so schwer tragen zu müssen, ist es doch wert, oder? Diese Souvenirs entsprechen den Seilen, mit denen ein Heißluftballon befestigt ist. Sie können sie nicht alle allein lösen.

Anders verhält es sich mit den Sandsäcken, die Sie aus eigener Kraft aus dem Korb befördern können. Das wird Sie Anstrengung kosten, denn Sandsäcke wiegen ja viel, aber Sie können es schaffen, wenn Sie es wollen.

Manchmal kann es erforderlich sein, Vergebung zu üben. Denn durch Vergebung können Sie alte Verstrickungen lösen und sich daraus befreien – frei sein und in Richtung Glück entschweben. Aber wie funktioniert das?

Vergebung praktizieren

»Wie soll ich jemandem vergeben, der mir übel mitgespielt hat?«, mögen Sie sich nun fragen. »Ich habe doch gar nichts gemacht, bin unschuldig und kann nichts dafür, dass ich so gekränkt und verletzt wurde«, und vielleicht noch: »Ich wurde ungerecht behandelt und nun soll ich auch noch vergessen und vergeben?« Nicht vergessen. Vergeben!

Sie können Gefühle nicht einfach vergessen. Einem anderen zu vergeben, bedeutet nicht, das Geschehene unter den Teppich zu kehren. Denn wenn man zu viel unter den Teppich kehrt, stolpert man eines Tages darüber. Vergebung heißt, die negativen Gefühle zuzulassen und sich ihnen zu stellen. Wenn Sie bereit sind, dann können Sie die Gefühle, die ein ausgedientes Souvenir bei Ihnen hervorruft, bewusst zu sich einladen und sie genau anschauen. Sagen Sie diesem Souvenir, dass Sie es nun nicht mehr benötigen und es deshalb nicht wieder in Ihren Rucksack legen werden.

Probieren Sie es aus, dann können Sie die gute Auswirkung dieser Glücksstrategie kennenlernen. Vergebung ist eine Strategie, mit der Sie Ihr Glücksniveau in einem erheblichen Maß steigern können.

Glücksimpuls:

Ich vergebe ...

_____

Und wem noch? _____

Und wem noch? _____

Und wem noch? _____

Glücksstrategie Nr. 36:
Lernen Sie zu vergeben!

Abschiedsfeier

Wenn Sie die Souvenirs betrachten, die Sie zurücklassen möchten, so könnten Sie eine Art »Abschiedsfeier« für sie veranstalten. Das mag Ihnen vielleicht merkwürdig vorkommen, ist aber sehr hilfreich. Denn mit jedem Souvenir verbinden Sie eine besondere Geschichte, die Sie nicht einfach »wegwerfen« sollten, denn dann würden Sie gewissermaßen einen kleinen Teil von sich mit wegwerfen. Wenn Sie sich bewusst davon verabschieden, wird dies keine Narbe in Ihrer Seele hinterlassen, sondern eine versöhnliche Wirkung haben.

Glückstipp: Abschiedsschachtel

Probieren Sie das Abschiednehmen zunächst mit kleineren Mitbringseln aus. Erinnerungen, die nicht schön sind, Ihnen aber nicht den Schlaf rauben. Notieren Sie das, was Sie belastet, auf kleine Karten. Suchen Sie sich eine schöne Schachtel, die Sie an einem besonderen Ort aufbewahren. Bevor Sie die Karten in diese Abschiedsschachtel legen, verabschieden Sie sich davon. Die Schachtel kann Sie immer an das erinnern, wovon Sie sich bereits getrennt haben.

Glücksstrategie Nr. 37:
**Feiern Sie Abschied von
unliebsamen Erinnerungen!**

Ritual für den Alltag

Es ist empfehlenswert, immer mal wieder einen Blick in Ihren Rucksack zu werfen. Denn dann können Sie sich kurzfristig von unerwünschten Souvenirs trennen und müssen diese nicht länger als unbedingt erforderlich mit sich herum tragen. Bevor Sie sie in die Abschiedsschachtel legen, überlegen Sie doch einmal, ob dieses Souvenir etwas Gutes für Sie bewirkt hat. Vielleicht haben Sie eine besondere Fähigkeit entwickelt, um mit einer bestimmten Situation oder Person umgehen zu können. Welche Ihrer Kompetenzen hat ihren Ursprung in einer schwierigen Situation oder Beziehung?

In Jörgs Elternhaus herrschte ein unfreundlicher, rauer Umgangston, und Jörg berichtet, dass sich eigentlich niemand aus seiner Familie für ihn interessierte habe. Obwohl er künstlerische und musikalische Neigungen hatte, waren ihm andere Ziele vorgegeben worden. Verständnis und ein liebevolles Miteinander standen nicht auf der Tagesordnung, worunter er sehr gelitten hatte. Durch das Coaching gelang ihm jedoch, sich bewusst zu machen, dass er genau aus diesem Grund fürsorglich und empathisch geworden war, was andere sehr an ihm schätzten.

Auch wenn die Situation sich im Moment sehr schwierig gestaltet und es kaum vorstellbar ist, dass sie Ihnen irgendetwas Positives bringen könnte, so wachsen wir doch an wirklich unangenehmen Erfahrungen. Wenn Sie nach dem positiven Effekt suchen, dann werden Sie ihn finden, auch wenn diese Suche manchmal Jahre dauert.

Übung: Der positive Effekt für meinen Alltag

Welche Kompetenz haben Sie entwickelt, weil Sie in einer schwierigen Lage oder einer schwierigen Beziehung waren? Worin genau besteht der positive Effekt für Sie?

ausgedientes Souvenir	positiver Effekt für mich

Wenn Sie nicht allein fündig werden, dann sprechen Sie mit einem engen Freund darüber, denn so können Sie einerseits die unangenehmen Mitbringsel orten und andererseits das Positive daran identifizieren.

Wofür bin ich dankbar?

Schauen Sie sich noch einmal an, was Sie in die Liste mit den schönen Souvenirs eingetragen haben. Für diese Dinge können Sie dankbar sein, denn nichts ist selbstverständlich. Je regelmäßiger Sie sich *bewusst* vor Augen führen, was das Gute in Ihrem Leben ist, welche wunderschönen und interessanten Souvenirs Sie bereits Ihr Eigen nennen können, desto mehr Dankbarkeit werden Sie empfinden.

Während einem meiner Vorträge meldete sich eine ältere Teilnehmerin. Sie erzählte, eines ihrer Kinder sei früher sehr schwer krank gewesen und sie sei jetzt immer noch so von Dankbarkeit für das große Glück erfüllt, dass aus dem Kind eine erwachsene Frau geworden ist, die selbst Kinder hat. Ihr sei immerzu bewusst, wie glücklich und zufrieden sie deswegen war.

Nicht immer müssen es weltbewegende Erlebnisse sein, auch für Kleinigkeiten können wir zutiefst dankbar sein. Dankbarkeit ist ebenfalls eine Glücksstrategie, die wir trainieren können.

Schreiben Sie einmal pro Woche auf, was in der vergangenen Woche gut für Sie gelaufen ist, worüber Sie glücklich waren, was Sie positiv bewegt hat.

Glückstipp: Dankbarkeit trainieren

Kaufen Sie sich ein Heft. Setzen Sie sich an einem Tag in der Woche abends hin und schreiben Sie glückliche und positive Momente dort hinein. Wenn Sie eine Sache notieren können, prima! Wenn es zwei oder drei sind, auch prima! Setzen Sie sich nicht unter Druck, sondern erfreuen Sie sich an dem, was Sie bewegt. Wofür sind Sie dankbar gewesen? Das kann vom guten Wetter bis zur Dankbarkeit gegenüber Ihren Eltern alles sein.

Glücksimpuls:

Besonders dankbar bin ich für ...

_____

Und wofür noch? _____

Und wofür noch? _____

Und wofür noch? _____

Glücksstrategie Nr. 38:
Seien Sie dankbar!

Koffer packen – Der Ressourcen-Check

Nachdem Ihr Rucksack reisefertig ist, steht das Kofferpacken für die nächste Etappe auf dem Programm.

Fertig für die Reise?

Fühlen Sie sich bereit für die vor Ihnen liegende Reise? Was packen Sie für gewöhnlich in Ihren Koffer, wenn Sie auf Reisen gehen? Für Ihre Lebensreise mit dem Ziel Glücklichsein ist es empfehlenswert, wenn Sie leichtes Handgepäck, einen kleinen handlichen Koffer dabei haben, in dem Sie das vorfinden, was Ihnen während Ihrer Reise nützlich ist und guttut.

So, wie Sie in ein Handgepäck sonst vielleicht etwas zum Lesen, eine Zahnbürste, Ihre Papiere, Ihren Schlüssel und Ihr Portemonnaie legen, statten Sie dieses Handgepäck für die nächste Etappe idealerweise so aus, dass Sie für die grundlegenden und wichtigen Dinge des Lebens gut gerüstet sind.

Wovon hängt Ihr zukünftiges Verhalten ab? Es wird einerseits sicherlich durch den bisherigen Reiseverlauf, durch Ihre Ressourcen sowie durch das Ziel bestimmt, das Sie vor Augen haben. Andererseits ist Ihre Haltung zum Leben richtungweisend.

Welche Werte haben Sie? In Gesprächen und Coachings mit Jugendlichen, aber auch Erwachsenen, stelle ich immer wieder fest, dass die Frage nach den Werten immer mehr in Vergessenheit gerät. Was sind denn überhaupt Werte? Warum sind sie wichtig? Welche Werte sind Ihnen wichtig?

»Wert-voll« reisen

Werte sind wichtige Bestandteile unserer Moral, die wir abstrakt formulieren, wie z. B. Glück und Liebe. Sie sind nicht greifbare

Vorstellungen über das, was wir in unserem Leben als wertvoll erachten. Wir richten immer, ob bewusst oder nicht, unser Verhalten nach den für uns wichtigen Werten aus. Sie können Lebensinhalte oder Handlungsziele sein, denn Werte stehen für das, was uns wünschens- und erstrebenswert erscheint. Jeder errichtet sein eigenes Wertesystem, das auf individuellen Erlebnissen und Erfahrungen beruht.

Auf der folgenden Seite finden Sie eine große Auswahl von Werten – erschrecken Sie nicht, sondern lesen Sie sie ruhig und verstehen Sie sie als Anregung:

Welche von diesen Werten würden in Ihrem Handgepäck Platz finden? Welche haben Sie gleich angesprochen? Für welche Werte stehen Sie? Welche Werte leben Sie? Kreuzen Sie an, was für Sie zutrifft!

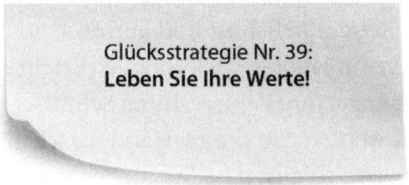

Glücksstrategie Nr. 39:
Leben Sie Ihre Werte!

Was ist schon da?

Wenn Sie Ihre Wertesammlung durch Ankreuzen oder Unterstreichen erstellt haben – und ich möchte Sie an dieser Stelle nochmals ausdrücklich dazu ermuntern, in Ihr Buch hineinzuschreiben und es wie ein Arbeitsbuch zu nutzen –, dann zeigt sie Ihnen die Werte, die für Sie relevant sind, die Ihren Vorstellungen über das Wünschens- und Erstrebenswerte im Leben entsprechen.

Wussten Sie, dass es manchmal einen Unterschied zwischen den gefühlten und den tatsächlich gelebten Werten gibt? Ihre Sammlung zeigt Ihnen das, was an Werten schon da ist. Wenn Sie nun an Ihre Reise zum Glück denken, so können Sie diese Werte schon in Ihr Handgepäck legen – Sie werden Ihnen sehr nützlich sein.

Liebe	Glück	Dankbarkeit	Achtsamkeit	Stärke	Kreativität
Vielfalt	Neugier	Geborgenheit	Freundschaft	Humor	Leichtigkeit
Vergebung	Freiheit	Freude	Erfolg	Akzeptanz	Ermutigung
Begeisterung	Motivation	Wert-schätzung	Wahrheit	Natürlichkeit	Vertrauen
Lernen	Spaß	Loslassen	Gemeinschaft	Lebensfreude	Offenheit
Mut	Authentizität	Harmonie	Treue	Disziplin	Zuverlässig-keit
Lebensfreude	Aktivität	Lust	Gerechtigkeit	Optimismus	Verant-wortung
Hilfs-bereitschaft	Wissen	Klarheit	Ordnung	Zuversicht	Ehrgeiz
Zielstrebigkeit	Loyalität	Intelligenz	Individualität	Geld	Zugehörigkeit
Toleranz	Fürsorge	Interesse	Pflicht-erfüllung	Ausdauer	Engagement
Geduld	Initiative	Belastbarkeit	Kooperation	Risikofreude	Ziel-orientierung
Entspannung	Gelassenheit	Selbst-wirksamkeit	Schnelligkeit	Altruismus	Fröhlichkeit
Sorglosigkeit	Respekt	Flow	Sport	Empathie	Zuneigung
Professio-nalität	Sinnhaftigkeit	Sicherheit	Verständnis	Gesundheit	Genuss
Ruhe	Familie	Fitness	Autonomie	Bildung	Kultur
Musik	Reisen	Phantasie	Kraft	Spiritualität	Zeit

Abb. 23: Meine persönliche Wertesammlung

Was benötige ich noch?

Vermutlich gibt es aber noch Werte, die Sie noch benötigen oder von denen Sie noch mehr gebrauchen könnten. Schauen Sie noch mal Ihre Wertesammlung an – fehlt noch etwas?

Angenommen, Sie bräuchten noch etwas mehr Mut, um die von Ihnen postulierten Ziele zu erreichen oder eine Situation in der Zukunft gut zu bestehen. Was könnte Ihnen dabei helfen, den notwendigen Mut aufzubringen? Es gibt einen wunderbaren Kniff dafür, denn sicherlich verfügen Sie bereits jetzt über den Mut, es ist Ihnen nur noch nicht bewusst oder Sie haben noch nicht den richtigen Zugang dazu gefunden.

Übung: Eine etwas andere Wert-Schöpfung

Stellen Sie sich nun eine Situation vor, für die Sie eine gute Portion Mut benötigen. Mut, der Unsicherheit vor dem Unbekannten nicht so viel Raum bietet. Mut, der Sie stark macht. Mut, der Ihnen die Angst nimmt, das Ziel vielleicht nicht erreichen zu können. Mut, der Ihnen guttut.

1. Fragen Sie sich, ob Mut für Sie ein Wert ist, den Sie bereits leben. Ob der Mut, den Sie jetzt für diese Situation brauchen, schon einmal in Ihrem Leben eine Rolle gespielt hat. Ob Sie in einem vergleichbaren Kontext schon einmal mutig gewesen sind.

Wenn Sie sich nun an einen derartigen Kontext erinnern, dann fühlen Sie sich noch einmal in diese Situation ein. Angenommen, Sie verfügten vor einer wichtigen Prüfung über genug Mut, dann erinnern Sie sich bitte:

Was haben Sie dort gesehen?

_____

Was haben Sie in dieser Situation gehört?

_____

Was haben Sie dort gefühlt?

_____

Was haben Sie dort gerochen?

_____

Was haben Sie dort geschmeckt?

_____

Je präziser Sie sich an die Mut-Situation von früher erinnern, desto hilfreicher werden Sie diese Übung für sich nutzen können. Tauchen Sie in Gedanken tief in die Situation von früher ein und überlegen Sie sich, ob es ein Symbol, ein Bild oder ein Musikstück gibt, dass Sie daran erinnert.

Wenn Sie das nächste Mal Mut benötigen, dann denken Sie an genau dieses Symbol, Bild oder Musikstück, atmen Sie tief ein – manchmal hilft es, dabei die Augen zu schließen – und spüren Sie, wie mutig Sie sind. Vertrauen Sie darauf, dass Sie wieder so mutig sein können.

2. Wenn es Ihnen schwerfallen sollte, sich an eine derartige Referenzsituation zu erinnern, so können Sie sich fragen, ob Sie jemanden kennen, der mutig ist – so mutig, wie Sie es gern wären. Versetzen Sie sich in diese Person hinein und beantworten Sie nun diese Fragen:

Was glauben Sie, wie derjenige es schafft, so mutig zu sein?

_____

Wie wird es ihm mit seinem Mut ergehen?

_____

Welche Körperhaltung wird er einnehmen?

_____

Was wird er fühlen?

_____

Was wird er sehen?

_____

Welches Symbol, Bild oder Musikstück wird er für seinen Mut haben?

_____

Je genauer Sie sich in diese Person einfühlen, desto eher bekommen Sie eine Idee davon, wie es sich anfühlt, mutig zu sein.

Selbst, wenn Sie noch etwas für Ihre weitere Reise benötigen sollten, wissen Sie nun, wie Sie einen Zugang dazu finden können.

Wie kann ich das erreichen?

Eröffnen Sie Ihre »persönliche Galerie«: Stellen Sie dort die Bilder und Symbole aus, die Sie mit bestimmten Werten verknüpfen.

Denken wir weiter an das Beispiel mit dem Mut. Wenn wir nun davon ausgehen, dass Mut für Sie durch einen Tiger verkörpert wird, der kraftvoll und mutig nach vorn springt, dann stellen Sie sich nun ein Bild vor, auf dem ein Tiger zu sehen ist.

Für einige meine Klienten ist Zuversicht ein wichtiger Wert. Welche Metapher könnte diesen Wert gut repräsentieren? Zuversicht wird beispielsweise hervorragend durch einen Sonnenaufgang verkörpert. Denn wir können zuversichtlich sein, dass am nächsten Morgen immer wieder die Sonne aufgehen wird. Wenn Sie das Gefühl von Zuversicht benötigen, so können Sie dies mit dem Sonnenaufgang verbinden. Kommen Sie das nächste Mal in eine Situation, die Sie gern mit Zuversicht bestehen möchten, dann erinnern Sie sich an die Sonne, die jeden Morgen aufs Neue beginnt, ihre Bahn zu ziehen.

Welche Bilder stehen für Ihre Werte? Ich wünsche Ihnen viele schöne Metaphern. Und wenn Sie nun Ihr Handgepäck packen, dann können Sie es gut tragen und so sprichwörtlich Ihr Glück und Ihre Werte selbst in die Hand nehmen.

Reiseproviant – Verpflegung für die Seele

Können Sie sich noch daran erinnern, wie es war, als Sie als Schulkind auf Klassenreise gefahren sind? Die meisten von uns haben doch schon nach der ersten Kurve geschaut, was wir an Reiseproviant dabei hatten. Einige hatten dann schon in der ersten halben Stunde alles vertilgt, was sie mit auf den Weg bekommen hatten. Reiseproviant ist etwas ganz Wunderbares – vielleicht auch, weil wir wissen, dass jemand liebevoll etwas für uns zubereitet hat. Das tut doch richtig gut, oder?

Auf einer Reise benötigt man etwas zu essen und zu trinken. So ist es auch bei Ihrer Reise zum Glück, auch hierbei sind Sie auf Reiseproviant angewiesen, denn es ist Verpflegung für Ihre Seele. Das Besondere an dieser Art Verpflegung ist, dass Sie immer wieder darauf zurückgreifen können – wie bei einem Füllhorn. Ist das nicht eine tolle Vorstellung?

Idealer Reiseproviant
- Glücksimpulse
- Lächeln am Morgen
- »Das Gute sehen«
- »Ich darf das«
- »Ich bin gerne ich« – Authentizität oder Fassadenexistenz?
- »Ich mach mein Herz weit …« – warum Vergebung frei macht
- »Der Schlüssel zu meinem Glück bin ich …«

Glücksimpulse

In diesem Buch haben bisher viele Glückimpulse Ihren Weg gekreuzt – Glücksimpulse, die Sie dazu bewegt haben, positive Gedanken zu denken. Denken Sie daran, dass Sie keinen Platz für negative Gedanken haben, während Sie gerade etwas Positives, Ermutigendes oder Schönes denken.

Für Tage, an denen Sie positive Inspiration benötigen, weil Ihnen der Tag vielleicht etwas grauer erscheint als andere Tage, sind Glücksimpulse ideal. Und natürlich auch, wenn Sie tagtäglich etwas für Ihr Glück tun möchten.

Wenn Sie frei wählen dürfen: Welchen Glücksimpuls würden Sie sich heute wünschen? Angenommen, Sie wären Ihrer eigener Coach, welchen Glücksimpuls würden Sie sich selbst geben wollen? Tragen Sie ihn hier ein.

Glücksimpuls – frei nach Wahl:

_____

Und was noch? _____

Und was noch? _____

Und was noch? _____

Wenn Sie merken, dass es Ihnen einmal nicht so gut geht, denken Sie an Ihren Lieblingsglücksimpuls und denken Sie ihn weiter. Sie wissen ja: Je mehr Sie über einen dieser Satzanfänge nachdenken, desto mehr erfahren Sie über sich selbst, desto mehr Gedanken gelangen in Ihr Bewusstsein und desto mehr tun Sie für Ihr Glück und Ihre Lebenszufriedenheit. Stellen Sie sich vor, Sie würden einem Freund oder einer Freundin von den Impulsen berichten, was würden Sie darüber erzählen? Was gefällt Ihnen an dieser Möglichkeit, positive Gedanken zu denken, besonders gut?

Glücksimpuls:
Die Glücksimpulse tun mir besonders gut, weil …

_____

Und warum noch? _____

Und warum noch? _____

Und warum noch? _____

Wenn Sie die Impulse in die Hand nehmen oder an Ihren Kühlschrank hängen möchten, dann ist das separate Kartenset[1] ideal. So können Sie sie auch auf Ihren Nachttisch legen oder in die Hosentasche stecken.

Die wohltuende Wirkungsweise dieser Impulse kann Sie immer wieder aufbauen und stärken – wann immer Sie es möchten. Ich möchte Ihnen an dieser Stelle die Geschichte von dem jungen Mann erzählen, dem ein bestimmter Glücksimpuls wieder neuen Mut zum Leben geschenkt hat.

Bevor Fabian seine Ausbildung zum Tischler abschließen konnte, wurde er aus betrieblichen Gründen entlassen. Er zeigte deutlich depressive Tendenzen, sodass ihm seine Freundin ein Kartenset mit Glücksimpulsen schenkte. Er war nicht sehr begeistert, wollte sie aber auch nicht enttäuschen, sodass er immer mal wieder eine Karte zur Hand nahm. Karte um Karte ging es ihm besser, bis eine Karte alles für ihn veränderte:

Glücksimpuls:
Wie schön, dass ich …

Denn als er diese Karte zog, wurde ihm bewusst, dass er alles erreichen und schaffen kann, was er möchte. »Wie schön, dass *ich* …« – das »ich« lachte ihn an und ermutigte ihn, zum Gestalter seines Lebens zu werden. Er suchte sich einen anderen Ausbildungsbetrieb und arbeitet heute als Tischler.

Glücksstrategie Nr. 40:
Lassen Sie sich von Glücksimpulsen inspirieren!

---

1 »Reiseziel Glück – Kartenset mit 60 Glücksimpulsen«, Carl-Auer Verlag.

Lächeln am Morgen

Denken Sie nochmals an den allerersten Glücksimpuls – »Damit ich heute glücklich bin, werde ich ... – und lächeln Sie jeden Morgen 3 Minuten vor sich hin. Vielleicht hilft Ihnen dazu ein Zettel an Ihrem Badezimmerspiegel. Bestimmt entlockt Ihnen schon der Anblick dieses Zettels am Morgen ein Lächeln. Freuen Sie sich darauf, dass dann die Glückshormone ausgeschüttet werden.

Nordeuropäer lächeln laut einer Studie im Durchschnitt 15-mal pro Tag. 15-mal! Ist das viel oder wenig? Was denken Sie? Wie oft lächeln Sie?

Glückstipp: Lächeln Sie mehr als 15-mal am Tag!

Lächeln Sie, wenn Ihnen zum Lächeln zumute ist und wenn jemand Ihnen ein Lächeln schenkt. Lächeln Sie zumindest öfter als 15-mal am Tag!

Eine alte indische Weisheit besagt: Das Lächeln, das du aussendest, kehrt zu dir zurück. Ein von Herzen kommendes Lächeln löst nicht nur bei Ihnen Glücksgefühle aus, sondern auch bei dem Empfänger.

Sicher kennen Sie das Phänomen: Sie sind gestresst und stehen schlecht gelaunt an der Supermarktkasse, Ihr Parkschein läuft gleich ab und der Kunde vor Ihnen möchte mit seiner Geldkarte bezahlen. Leider kann keine Verbindung aufgebaut werden, sodass die Kassiererin den Vorgang wiederholen muss. Hektisch tippeln Sie hin und her und könnten innerlich vor Frust platzen. »Naja, kein Wunder, immer muss das mir passieren. Ausgerechnet heute!«, denken Sie und ergehen sich in Selbstmitleid. Doch dann hören Sie hinter sich eine Stimme, die in freundlichem Ton fragt: »Entschuldigen Sie bitte, würden Sie mich wohl durchlassen? Ich habe nichts gefunden.« Sie drehen sich um und gucken in ein sympathisches Gesicht. Sie sehen ein herzliches Lächeln, das Ihnen unwiderstehlich erscheint, und fühlen, wie sich bei Ihnen ein Glücksgefühl den Weg zu Ihrem Herzen bahnt. Sie lächeln zurück, sagen »Ja, natürlich, gerne.« Wieder tauschen Sie ein ehrliches Lächeln aus, und erst dann fällt Ihnen wieder ein, dass Sie ja eigentlich gestresst sind. Aber der Frust ist ein gutes Stückchen weit verpufft – einfach so. Ein aus tiefster Seele freundlich gemeintes Lächeln verändert nicht nur unsere Mimik, unsere Gefühlslage, sondern es verändert auch etwas in unserem Hirnstoffwechsel.

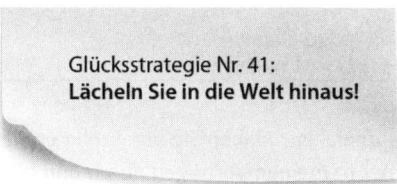

Glücksstrategie Nr. 41:
Lächeln Sie in die Welt hinaus!

Sollte Sie in so einer Situation keiner anlächeln, dann versuchen Sie es mit Humor. Manchmal hat es eine erstaunlich positive Wirkung, wenn wir die Dinge des Lebens mit Humor betrachten.

Glücksstrategie Nr. 42:
Betrachten Sie das Leben mit Humor!

Das Gute sehen

Durch welche Brille betrachten Sie die Welt? Worauf richten Sie vornehmlich Ihr Augenmerk?

Übung: Das Gute sehen – ein besonderer Obstsalat

Betrachten Sie die folgende Abbildung. Lesen Sie die Wörter laut und schreiben Sie spontan auf, was Ihnen einfällt. Denken Sie nicht um die Ecke, sondern schreiben Sie Ihren ersten Gedanken auf.

```
APFEL
    BANANE
        ORANGE
            NANANAS
```

Folgendes ist mir aufgefallen:

_____

Was ist Ihnen aufgefallen? Haben Sie den Fehler entdeckt? Ich führe die Übung immer in meinen Vorträgen durch und bitte die Zuhörer darum, Ihre Antwort gleich laut zu sagen. Das Ergebnis: Es wird immer der Fehler zuerst genannt. Manchmal sagt auch jemand, dass es bis auf den Apfel exotische Früchte sind oder bis auf den Apfel jedes Wort 3 Silben hat. Aber das ist die Ausnahme.

Wissen Sie, warum die meisten von uns zuerst den Fehler finden? Weil wir genau darauf trainiert sind – wie in der Schule. Da wurden in schön geschriebenen Aufsätzen mit Rot die Fehler unterstrichen und am Rand markiert. Das sieht dann etwa so aus:

```
APFEL
    BANANE
        ORANGE
            NANANAS  |f
```

Kommt Ihnen so ein »f« auch bekannt vor? Das fühlte sich schon in der Schule nicht gut an – und es tut auch nicht gut, die Welt nach Fehlern abzusuchen. Gut, als Lehrer müssen Sie das tun – aber privat würde ich auch Lehrern die folgende Möglichkeit empfehlen. Wissen Sie, was einem noch bei der Betrachtung auffallen könnte? Schauen Sie noch einmal genau hin: Sehen Sie, dass 3 von 4 Wörtern richtig geschrieben sind? Finden Sie das erwähnenswert? Nun, wenn Sie bewusst das Gute sehen wollen, dann könnte Ihnen das zuerst auffallen. Vieles ist schon richtig:

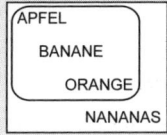

APFEL
BANANE
ORANGE
NANANAS

Wenn wir darauf trainiert sind, eher das Negative wahrzunehmen, dann wird uns das vermutlich auch gelingen! Statt das Negative, Fehlerhafte zu suchen, könnten wir verstärkt das Gute suchen – wie ein Detektiv. Also nicht: Was fehlt noch? Was ist falsch? Womit bin ich unglücklich? Sondern: Was ist schon da? Was ist richtig? Womit bin ich glücklich? Am Anfang benötigen wir vielleicht wie Sherlock Holmes eine Lupe, mit der Zeit können wir uns zu echten Glücksexperten entwickeln, die darin geübt sind, das Gute zu sehen.

Glückstipp: Das Gute sehen

Trainieren Sie die Fähigkeit, das Gute zu sehen. Schauen Sie gezielt danach, was schon da ist. Auch in Beziehungen funktioniert das ausgezeichnet: Wenn Sie Ihre Familie, Freunde und Kollegen betrachten, dann achten Sie einmal darauf.

Wenn Sie zukünftig einen Apfel sehen, dann denken Sie doch wieder einmal bewusst daran, dass Sie das Gute sehen möchten. Das funktioniert genauso gut mit Bananen, Orangen und Ananas ...

> Glücksstrategie Nr. 43:
> **Entwickeln Sie die Kompetenz, das Gute zu sehen!**

Doch Sie können nicht nur das Gute sehen, sondern auch das Gute erwarten. Denn so schärfen Sie Ihre Sinne für das Positive, was Ihren Weg kreuzt.

Glückstipp: Das Gute erwarten

Je mehr Gutes und Schönes Sie erwarten, desto mehr werden Sie vermutlich in Ihrem Leben davon wahrnehmen können. Trainieren Sie diese Kompetenz, und Ihr Glücksniveau wird kontinuierlich steigen.

> Glücksstrategie Nr. 44:
> **Erwarten Sie Gutes!**

Ich darf das!

Was gehört noch zu Ihrem besonderen Reiseproviant? Ein wichtiges Kriterium für ein glückliches, erfolgreiches und gelingendes Leben ist die innere Erlaubnis, die wir uns selbst geben können.

Um handeln zu können, laufen intern die unterschiedlichsten Prozesse in Ihnen ab. Ihre Motivation, Ziele zu erreichen und für sie einzustehen, hängt von 4 verschiedenen Faktoren ab, die im NLP (Neurolinguistisches Programmieren) nach Robert Dilts wie folgt benannt werden:

Faktor 1: Es ist mir möglich.
Faktor 2: Ich kann das.
Faktor 3: Ich bin es wert.
Faktor 4: Ich darf das.

Faktor 1 – Es ist mir möglich: Wenn Sie etwas erreichen möchten, dann ist die erste Voraussetzung dafür, dass es Ihnen generell möglich ist, das zu erreichen. Wenn Sie sich beispielsweise selbstständig machen möchten und die dafür erforderlichen Informationen zusammentragen können sowie die finanziellen Mittel haben, dann werden Sie zu der Einschätzung kommen: »Es ist mir möglich.«

Faktor 2 – Ich kann das: Bei dieser Stufe geht es um die Frage, ob Sie die Fähigkeit besitzen, ob Sie über die nötige Kompetenz verfügen. Wenn Sie sich z. B. auf etwas spezialisiert haben oder etwas besonders gut machen, dann wissen Sie in Bezug auf Ihre geplante Selbstständigkeit: »Ich kann das.«

Faktor 3 – Ich bin es wert: Denken Sie noch mal an die Übung »Schutzmauer für das Selbst«. Wenn Sie ein gutes Selbstwertgefühl haben, dann werden Sie sich bestimmte Pläne und Handlungen auch schon deswegen zutrauen, weil Sie der Meinung sind: »Ich bin es wert.«

Faktor 4 – Ich darf das: Wenn Sie über die ersten 3 Faktoren verfügen, so ist das schon einmal wunderbar. Oftmals bremsen wir uns aus irgendeinem Grund aus – wir denken, dass uns etwas nicht zusteht. Wie ist es mit Erfolg? Viele Menschen haben unterschwellig Angst davor, erfolgreich zu sein, weil sie meinen, es nicht wirklich zu dürfen.

Paul, 45 Jahre alt, hatte sich ein Jahr, bevor er ins Coaching kam, als Unternehmensberater selbstständig gemacht. Damit er seine Familie ernähren konnte und die Raten für das Haus weiterhin abbezahlen konnte, arbeitete er unermüdlich – und zwar erfolgreich. Unmerklich arbeitete er nicht mehr nur bis zum späten Abend, sondern hatte langsam aber sicher auch nichts mehr von den Wochenenden. Anfangs vertröstete er sich und seine Familie damit, dass dies in der ersten Phase seiner Existenzgründung schlichtweg erforderlich sei.

Doch nach einem Jahr zeigte er schon erste Burn-out-Symptome. Seine Familie wurde zunehmend unzufrieden mit der Situation, denn für gemeinsame Ausflüge oder Unternehmungen war keine Zeit mehr. Als Paul merkte, dass er kaum noch abschalten konnte, beschloss er, etwas zu verändern.

Mithilfe einer meiner Lieblingsübungen konnte er seine Bedürfnisse strukturieren. Bei dieser Übung beschrifte ich die zentrale Karte mit »Ich darf das!«. Diese Karte lege ich in die Mitte des Tisches und frage den Klienten, was er alles darf. Manchmal ist es sinnvoll ein Beispiel zu geben, damit der Anfang gemacht ist.

Nachdem die zentrale Karte vor ihm lag, konnte er das folgende Ergebnis für sich erarbeiten:

Die Übung verdeutlichte ihm, dass ihm Struktur fehlte. Doch nicht nur das – es war auch die interne Erlaubnis, sich Zeit für sich und seine zu Bedürfnisse nehmen. Erst als Paul das so klar für sich erkannt hatte, konnte er sich diese Erlaubnis geben.

Einige Wochen später traf ich Paul zufällig im Theater. Seine Frau und er sahen glücklich aus –sie hatten sich für ein Theater-Abonnement entschieden, und ihre Kinder übernachteten an den Theaterabenden bei den Großeltern.

Überlegen Sie doch einmal für sich: Gibt es etwas, wofür Sie sich gern die Erlaubnis geben würden? Manchmal höre ich – insbesondere von Frauen –, dass sie Angst davor haben, glücklich zu sein. Glücklicher als andere in ihrem Umfeld. Sie hätten dann ein schlechtes Gewissen anderen gegenüber, die nicht so glücklich sind wie sie selbst. Glücklicher als der eigene Mann oder die Kinder, die vielleicht mit ihrem Leben nicht so gut zurechtkommen.

Wo bremsen Sie sich selber aus? Welche Erlaubnis könnte für Sie hilfreich sein?

Glücksimpuls:
Ich darf ...

_____

Und was noch? _____

Und was noch? _____

Und was noch? _____

Probieren Sie es aus, wie sehr es Sie beflügeln kann, wenn Sie sich vor Augen führen, was Sie dürfen.

Glücksstrategie Nr. 45:
Geben Sie sich selbst die Erlaubnis: Ich darf das!

Ich bin gerne ich

Am Ende einer jeden Coaching-Sequenz befrage ich den Klienten, wie hilfreich er den Coaching-Prozess für sich empfunden hat. Damit ist auch unmittelbar die nächste Frage verknüpft: »Worauf führen Sie das zurück?« Nicht selten erhalte ich dann die Antwort: »Hier kann ich einfach ich sein, ich muss mich nicht verstellen.« Klienten bewerten es als sehr hilfreich, dass sie authentisch und so sein können, wie sie nun einmal sind. Manchmal dauert es ein paar Augenblicke, bis der Klient in den Modus der Authentizität kommt, doch danach ist dann eine sehr intensive Arbeit möglich. Wenn der Klient das Coaching wie einen Schutzraum empfindet, weil er Vertrauen zu seinem Coach gefasst hat, dann ist es für ihn nicht erforderlich, sich zu verstellen. Denn sich zu verstellen, bedeutet Schutz. Schutz vor dem Angriff anderer, Schutz auch vor Übergriffen, Schutz also vor Grenzverletzungen.

Authentizität bedeutet Echtheit. Authentisch zu sein heißt, dass Verhalten und Überzeugungen übereinstimmen. Wer sagt, was er denkt und dann so handelt, ist authentisch. Es gibt keinen schönen Schein, sondern echtes Sein. Authentische Menschen haben einen klaren Zugang zu ihren Ressourcen, wirken sympathisch und frei, denn sie zeigen nach außen: »Ich bin gerne ich.«

Eine Voraussetzung für Authentizität ist, dass man sich selbst erkennt, sich über seine persönlichen Überzeugungen im Klaren ist und weiß, was einen glücklich-glücklich macht. Das Gegenteil von Authentizität ist der Begriff der *Fassadenexistenz,* den Erich Fromm (2009) prägte, also: nicht zu sich zu stehen. Wer sich verstellt und eine Rolle spielt, der lebt nach außen etwas anderes als das, wovon er in seinem tiefsten Inneren überzeugt ist. Das bietet einerseits Schutz, kostet allerdings auch Kraft.

Wenn Sie authentisch sein möchten, dann ist es unerlässlich, dass Sie sich Ihrer selbst bewusst sind. Dann müssen Sie keine Rolle spielen, sondern können sich unverfälscht geben. Authentische Menschen haben eine gewisse Ausstrahlung, die für andere sehr attraktiv ist. Denn ohne dass wir das Echte mit Worten genau beschreiben können, so können wir es doch spüren. Für die meisten ist es sehr erstrebenswert, die eigenen Werte leben zu können, es bedarf neben Selbsterkenntnis auch des Muts zur Selbstsicherheit.

Kinder sind authentisch. Sie sind so ehrlich und aufrichtig, weil sie nicht lange darüber nachdenken, was andere von ihnen halten. Sie sind wie Pippi Langstrumpf und machen, was sie wollen – so lange, bis sie dazu erzogen werden, sich anzupassen. »Du, das kannst du doch nicht einfach so sagen«, erklären Eltern ihrem Kind, wenn es der Nachbarin sagt, dass es ihr Kleid nicht leiden mag. Im Laufe unserer Entwicklung verlernen wir, authentisch zu sein. Uns wird ein gutes Stück weit »aberzogen«, so ehrlich und echt zu sein. Wir machen die Erfahrung, dass wir »anecken«, wenn wir mit unserer Überzeugung herausplatzen, daher lernen wir, die Rolle zu spielen, die andere uns zugedacht haben.

Glücksimpuls:
Ich bin gerne ich, weil …

_____

Und warum noch? _____

Und warum noch? _____

Und warum noch? _____

Glücksstrategie Nr. 46:
Seien Sie authentisch!

Ich mach mein Herz weit …

Wenn Sie lernen, anderen zu vergeben, und somit loslassen können, so werden Sie die Fähigkeit haben, frei zu sein und ohne

Groll zu leben. Wie kann es Ihnen gelingen zu vergeben, wenn Sie sich immer wieder mit einer Situation konfrontiert sehen, in der Sie jemandem begegnen, dem Sie lieber nicht begegnen würden. Vielleicht kennen Sie das? In Ihrem familiären oder beruflichen Umfeld gibt es nun einmal vielleicht einen Menschen, mit dem Sie Schwierigkeiten haben.

Anina hatte Probleme mit einer Kollegin, die ihr direkt gegenüber saß. Tagtäglich arbeiteten die beiden Frauen im Büro von Angesicht zu Angesicht. Anina fühlte sich sehr unglücklich mit der Situation, weil die Kollegin sich oftmals überhaupt nicht kollegial verhielt. Anina kam mit der intriganten Art ihrer Kollegin immer weniger zurecht und wurde ihr gegenüber schnell ungehalten und »zickig«, wie sie selbst sagte. Ihr eigenes Verhalten ärgerte sie dann auch noch, sodass sie die Zeit im Büro in einem schlechten Gefühlszustand verbrachte. Sie wollte sich eigentlich nicht so verhalten, aber sie hatte bisher noch keine Strategie gefunden, wie sie sich in Gegenwart ihrer Kollegin anders verhalten konnte.

Im Coaching übte sie, ihr Herz weit zu machen. Beim nächsten Gesprächstermin berichtete sie mir von ihren neuesten Erfahrungen. »Meine Kollegin war gestern wieder einmal ›sehr gut drauf‹. Eigentlich wollte ich mich schon wieder aufregen, aber dann fiel mir ein, was wir geübt hatten. Ich sagte mir: Ich mach mein Herz ganz, ganz weit. Stellen Sie sich vor: Es wirkte. Irgendwie prallten ihre Attacken an mir ab. Gut, ich musste mir schon sehr oft meinen Satz sagen, aber es hat mir geholfen.«

Wir vereinbarten, dass sie im Umgang mit der Kollegin darauf schauen würde, ob es nicht irgendetwas Sympathisches und Nettes an ihr zu entdecken gab. Mit anderen Worten: Anina achtete nicht mehr nur auf das, was sie als intrigant empfand, sondern auf das, was an ihrer Kollegin in irgendeiner Form positiv war. So fiel ihr zum Beispiel auf, dass ihre Kollegin zuverlässig war. Allein die Tatsache, dass Anina bereit war, auf das Gute bei ihrer Kollegin zu achten, implizierte, dass diese Frau eine gute Seite hatte.

Auf der Reise zum Glück könnte es für Sie von großem Nutzen sein, eine Strategie für den Umgang mit schwierigen Mitmenschen zu haben. Vielleicht gelingt es Ihnen dabei, an den Satz zu denken: »Ich mach mein Herz weit.« Versuchen Sie es und beobachten Sie, welche Wirkung es auf Sie hat.

Einer Freundin von mir ging es mit dieser Übung so, dass sie sich schon fast darauf freute, schwierigen Zeitgenossen zu begegnen, damit sie an diesen Begegnungen wachsen konnte. Das ist wirklich eine sehr fortgeschrittene Einstellung, aber sie hat auch längere Zeit geübt.

Glücksimpuls:
Ich mach mein Herz weit, damit …

_____

Und wozu noch? _____

Und wozu noch? _____

Und wozu noch? _____

> Glücksstrategie Nr. 47:
> **Machen Sie Ihr Herz für Ihre Mitmenschen weit!**

Der Schlüssel zu meinem Glück bin ich …

Das Gefühl, die Verantwortung für das eigene Wohlergehen zu haben, führt dazu, dass wir proaktiv unsere weitere Reise gestalten können. Nach einem meiner Vorträge kam eine Frau auf mich zu. Lächelnd hielt sie die Karte in der Hand, die ich zum Abschluss meiner Vorträge immer verteile:

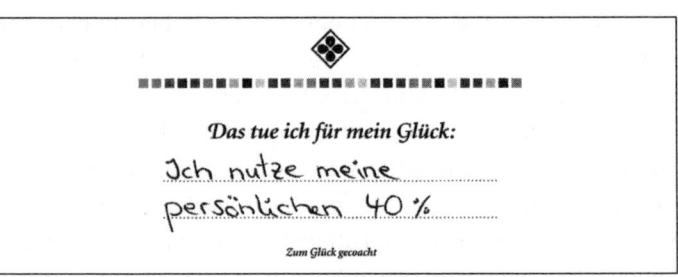

Das tue ich für mein Glück:

Ich nutze meine persönlichen 40 %

Zum Glück gecoacht

Abb. 24: Der Schlüssel zu meinem Glück bin ich

Sie strahlte mich an und erzählte mir, dass sie die Rückseite gleich ausgefüllt hätte. »Wissen Sie, mir war bis eben einfach nicht klar, dass ich etwas für mein Glück tun kann. Das finde ich wunderbar! Ich möchte meine 40 % nutzen und fange gleich damit an.« Sie bedankte sich bei mir und ging frohen Herzens nach Hause. An solchen Begegnungen merke ich dann wieder, wie vielen Menschen doch noch nicht bewusst ist, dass sie selbst für ihr Glück verantwortlich sind. Dann erfüllt es mich mit tiefer Freude, dass sie den Impuls für sich mitnehmen konnten. Wenn Sie den nachfolgenden Glücksimpuls lesen: Was fällt Ihnen spontan dazu ein?

Glücksimpuls:
Der Schlüssel zu meinem Glück bin ich, weil …

_____

Und warum noch? _____

Und warum noch? _____

Und warum noch? _____

Glücksstrategie Nr. 48:
Denken Sie daran: Der Schlüssel zu Ihrem Glück sind Sie!

Von Wegbegleitern und Mitreisenden

>*»Man muss sein Glück teilen, um es zu multiplizieren.«*
>Marie von Ebner-Eschenbach

Während Ihrer Reise zum Glück sind Sie nicht allein – Wegbegleiter und Mitreisende werden Ihre Reiseroute kreuzen oder ein Stück des Weges mitgehen. Die Begegnungen mit anderen Menschen beeinflussen Ihr Denken, Fühlen und Handeln.

Glückliche Beziehungen sind ein unverzichtbarer Bestandteil eines glücklichen Lebens. Ohne gute Beziehungen zu anderen Menschen fehlt uns etwas. Wir brauchen den Austausch, die Unterstützung und die Liebe anderer.

Leben mit den anderen

Wer sind in Ihrem Leben »die anderen«? Es gibt meiner Ansicht nach 6 Gruppen von Menschen, denen wir uns – unabhängig von unserer Kultur – zugehörig fühlen. Wen sehen Sie vor Ihrem geistigen Auge, wenn Sie »die anderen« hören oder denken?

- Sicherlich sehen Sie *Ihre Familie:* Ihre Eltern, vielleicht Ihre Geschwister, Großeltern, Tanten und Onkel, vielleicht Cousins und Cousinen. Vielleicht sehen Sie auch Ihre Kinder und Enkelkinder oder die, die Sie hätten haben können oder noch haben werden. Unabhängig davon, wie nah Sie all diesen Menschen stehen: Sie alle spielen in Ihrem Leben eine Rolle. Unsere Familie prägt uns – auch mit den Eltern unserer Großeltern sind wir auf eine wundersame Weise verbunden. Wir sind Teil eines großen Ganzen – Teil unserer Familie.
- Vielleicht gibt es an Ihrer Seite auch einen *Lebenspartner:* Sie sehen sein oder ihr Bild vor Ihren Augen. Dann sind da noch

die, die Sie einmal sehr geliebt haben, mit denen Sie heute aber nicht mehr zusammen sind.

- Sie sehen *Freunde:* alte Freunde von früher, ehemalige Freunde, die Sie aus den Augen verloren haben, und auch diejenigen, mit denen es vielleicht auf ungute Weise auseinandergegangen ist. Sie sehen Ihre neuen Freunde, die Sie vielleicht noch nicht lange kennen, denen Sie sich jedoch sehr nahe fühlen. Sie sehen auch die Freunde, die Sie gern gehabt hätten.
- Dann sehen Sie noch *Bekannte:* Nachbarn, frühere Mitschüler, vielleicht Kommilitonen, Sportskameraden, Gleichgesinnte und Menschen, die Sie vielleicht gerade erst kennenlernen.
- Sie sehen *Mitmenschen aus Ihrem beruflichen Umfeld:* frühere und jetzige Kollegen, Chefs, Vorgesetzte, Mitarbeiter und Kunden.
- Sie sehen die *Menschen aus Ihrem Alltag,* denen Sie bei Ihren täglichen Besorgungen begegnen: ob im Supermarkt, beim Arzt, bei Behörden, in Restaurants oder Kneipen. Wenn Sie Kinder haben, dann sehen Sie auch deren Kindergartenerzieher und Lehrer.

Wie geht es Ihnen beim Anblick all dieser Menschen, die auf irgendeine besondere Art und Weise eine Rolle in Ihrem Leben spielen?

Glückstipp: Postkarten schreiben

Schreiben Sie eine Postkarte an jeweils einen Menschen aus drei der sechs Gruppen. Vielleicht schreiben Sie ihm, dass Sie sich freuen, zur gleichen Zeit wie er auf dieser Erde zu sein. Vielleicht haben Sie Lust, sich bei ihm zu bedanken. Vielleicht möchten Sie ihm einfach nur einen Gruß schicken. Sagen Sie den Menschen, die für Sie wichtig sind, dass sie für Sie wichtig sind. So schaffen Sie ein schönes Miteinander.

Auf unserer Reise durchs Leben haben wir unzählige Begegnungen, unzählige Reisebekanntschaften. Je nach Etappe ändern sich die Menschen, mit denen wir in Beziehung stehen. Ich bezeichne sie als Reisebekanntschaften, denn je nach Bedürfnis stehen Sie uns sehr nahe oder sind etwas ferner.

Übung: Mein Kreis von Menschen

Wenn Sie sich vorstellen, Ihre »Reisebekanntschaften« stünden alle um Sie herum, wer ist sehr nah bei Ihnen, wer fern?

Menschen, die mir sehr nah stehen:

_____

Menschen, die nah bei mir sind:

_____

Menschen, die ich gern näher bei mir hätte:

_____

Menschen, die etwas weiter weg sind:

_____

Menschen, die fern sind:

_____

Reisebekanntschaften können unterteilt werden in Wegbegleiter und Mitreisende. Was ist der Unterschied zwischen Wegbegleitern und Mitreisenden?

Glücksstrategie Nr. 49:
**Entdecken Sie Ihre
sozialen Beziehungen!**

Wegbegleiter: Wer ist ein »bedeutsames Du«?

»Ein Freund, ein guter Freund,
das ist das Schönste, was es gibt auf der Welt!
Ein Freund bleibt immer Freund
und wenn die ganze Welt zusammenfällt.«
aus dem Film »Die Drei von der Tankstelle«

Sicher kennen Sie dieses Lied, das Heinz Rühmann, Willy Fritsch und Oskar Karlweiss gesungen haben. Wir alle haben das Bedürfnis nach einem Freund. Nach jemandem, mit dem wir durch Dick und Dünn gehen können. Nach jemandem, der für uns da ist – egal, was passiert. Nach jemandem, mit dem wir uns auch ohne viele Worte verstehen.

Wegbegleiter sind Menschen, die Sie auf Ihrem Weg begleiten und mit denen Sie liebevoll verbunden sind – unabhängig davon, wie lang dieses Wegstück ist. Sie spüren, dass Sie Ihre Wegbegleiter lieben und von Ihnen geliebt werden. Es sind Menschen, die Sie in Ihrem Leben nicht missen möchten, weil sie Ihr Leben bereichern.

Wer ist Ihr Freund? Wer ist ein »bedeutsames Du« in Ihrem Leben? Wer hat einen besonderen Einfluss auf Sie? Wessen Meinung schätzen Sie? Wen lieben Sie? Von wem werden Sie geliebt? Wer würde auch nachts um 3 Uhr zu Ihnen kommen, wenn Sie in Not wären? Und: Zu wem würde Sie nachts um 3 Uhr fahren, wenn er Sie braucht?

Wenn Sie wissen, wer ein solcher Wegbegleiter für Sie ist, dann überlegen Sie sich, was genau es ist, das Sie an ihm schätzen.

Glücksimpuls:
Besonders schätze ich an meinem Wegbegleiter, dass ...

_____

Und was noch? _____

Und was noch? _____

Und was noch? _____

Glückstipp: Jour fixe

Wie gut pflegen Sie Ihre Beziehungen mit Ihrem »bedeutsamen Du«? Etablieren Sie einen festen Termin in der Woche oder im Monat, an dem Sie nur füreinander Zeit haben. Vereinbaren Sie einen Tag, an dem Sie sich treffen, ohne sich vorher verabreden zu müssen. Zum Beispiel jeden Sonntag oder jeden zweiten Montag im Monat. Meine Eltern spielten jahrzehntelang jeden Freitag Skat mit Freunden. Dieser Termin war so fix, dass er zu einer Selbstverständlichkeit wurde.

Veranstalten Sie z. B. regelmäßige Familientreffen. Trommeln Sie 1- bis 2-mal pro Jahr Ihre Verwandtschaft zusammen und plaudern Sie über alte Zeiten. So verlieren Sie sich nicht aus den Augen.

Wissen Ihre Wegbegleiter, was Sie für sie empfinden? Inwieweit wissen sie, was Sie an ihnen besonders schätzen? Je offener und direkter Sie Ihre Freundschaften und Beziehungen gestalten, desto glücklicher werden Sie sein. Für meine Studie »Glück …!« (2008) habe ich die Teilnehmer gefragt: »Wenn Sie einen Wunsch frei hätten, was würden Sie sich wünschen, damit Sie glücklich sind?« Die dritthäufigste Antwort nach »Gesundheit« und »Es soll so bleiben, wie es ist« lautete »Familie/Harmonie in Beziehungen«. Unsere Wegbegleiter spielen eine sehr zentrale Rolle in unserem Leben, sodass wir die Beziehungen zu Ihnen pflegen sollten.

Glückstipp: Glücksgespräche mit Wegbegleitern

Dass Ihre Wegbegleiter in schwierigen Situationen für Sie da sind und umgekehrt, ist ein wichtiger Bestandteil Ihrer Beziehung. Sie sind sich gegenseitig Seelentröster und Unterstützer. Sprechen Sie mit vertrauten Menschen auch über Ihre persönlichen Glücksmomente und darüber, was Glück für Sie bedeutet.

Mitreisende: Wer ist an meiner Seite?

Nicht so nah wie Wegbegleiter stehen uns Mitreisende, die aber dennoch ein wichtiger Teil unseres Lebens sind. Charakteristisch für Mitreisende ist, dass wir sie uns nicht aussuchen, sondern während unserer Reise mit Ihnen ins Gespräch kommen.

Mitreisende sind Menschen, die die gleiche Reiseetappe gebucht haben – sei es in Schule oder Beruf. Es gibt partiell ähnliche Interessen, die Sie mit Ihren Mitreisenden teilen. Mitschüler, Nachbarn, Kollegen sind Mitreisende. Dazu können aber auch Verwandte gehören, mit denen Sie partiell zu tun haben, oder beispielsweise auch Sportler, die zusammen in einer Mannschaft spielen.

Wer sind Ihre Mitreisenden? Wer ist an Ihrer Seite – sei es für einen langen oder auch für einen kürzeren Zeitraum? Jeder von uns kennt das: Während der Schulzeit, des Studiums oder der Ausbildung verstehen wir uns blendend mit einigen, die die gleiche Ausbildung machen. Oder wir kommen neu in eine Nachbarschaft und haben gleich einen guten Draht zu bestimmten Nachbarn. Manchmal ist es so, dass wir das Gefühl haben, die anderen schon länger zu kennen. Wir fühlen uns seelenverwandt und sind glücklich, jemanden getroffen zu haben, der sich in einer ähnlichen Situation befindet wie wir. Wenn dann aber diese temporäre Gemeinsamkeit aufgelöst wird, sei es durch Umzug oder Beendigung der Ausbildung, dann gehen diese Beziehungen oft auch auseinander. Das muss nicht sofort sein, aber auf die Dauer tragen die Beziehungen zu Mitreisenden nicht – was der Sache aber keinen Abbruch tut, denn man hatte für die Dauer der gemeinsamen Wegstrecke eine gute Zeit miteinander.

Wenn Sie dann überlegen, welcher Ihrer Mitreisenden Ihnen so sehr am Herzen liegt, dass Sie sich deswegen glücklich schätzen: Inwiefern weiß dieser Mitreisende davon, wie Sie zu ihm stehen?

Glücksimpuls:

... ist Mitreisender an meiner Seite, weil ...

_____

Und wer noch? _____

Und wer noch? _____

Und wer noch? _____

Glückstipp: Glücksgespräche mit Mitreisenden

Ihre Mitreisenden haben etwas mit Ihnen gemeinsam. Sprechen Sie mit Ihnen doch mal über Glück, Lebenszufriedenheit und das Positive im Leben. Wie wäre es, wenn Sie über das gemeinsame Interesse hinaus auch über Glücksmomente sprechen?

Glücksstrategie Nr. 50:
Pflegen Sie Ihre sozialen Beziehungen!

Weggabelungen und Kreuzungen

> *»Die Dinge ändern sich nicht; wir ändern uns.«*
> Henry David Thoreau

Auf unserer Reise stehen wir immer mal wieder vor Weggabelungen und Kreuzungen. Im Laufe unserer Entwicklung müssen wir uns jedes Mal wieder entscheiden, welchen Weg wir einschlagen möchten. Abhängig von vielen verschiedenen Faktoren entscheiden wir uns dann für die eine oder andere Richtung. Doch wovon genau diese Entscheidungen abhängen, wissen wir vermutlich manchmal selbst nicht ganz genau.

Weggabelungen

Jede Weggabelung stellt uns auch immer vor die Frage, in welche Richtung wir gehen möchten. Wie ist das bei Ihnen? Entscheiden Sie sich *gegen* den einen Weg und wählen dann den, der übrig bleibt? Oder entscheiden Sie sich *für* einen Weg – unabhängig davon, welche Alternative noch zur Auswahl gestanden hat?

Ob wir es wollen oder nicht: Die Entscheidung für einen bestimmten Weg bedeutet auch gleichzeitig die Entscheidung für bestimmte Wegbegleiter und dafür, wer weiterhin an unserer Seite sein wird. Was steht bei Ihnen an erster Stelle: das eigentliche Ziel oder die damit verbundenen Wegbegleiter?

Gerade in langjährigen Partnerschaften ist das ein Thema, denn im Laufe von Jahrzehnten entwickelt sich jeder der Partner auf seine individuelle Art und Weise weiter. Manchmal unmerklich, manchmal bewusst. Wenn die Interessen sich im Verlauf der Jahre und Jahrzehnte dann auseinanderentwickeln, wie verhalten sich die Partner dann?

Jochen wollte sich seinen Traum erfüllen, einmal um die Welt zu reisen. Er hatte schon als kleiner Junge davon geträumt, aber berufliche und private Verpflichtungen hatten ihn in Beschlag genommen, bevor es ihm bewusst wurde. Da er sehr pflichtbewusst war, konnte er seinen Traum lange Zeit nicht realisieren. Mit den Jahren vergaß er ihn regelrecht, bis eines Tages sein bester Freund erzählte, dass er mit dem Wohnmobil von Kanada nach Chile fahren wolle – einmal quer durch Amerika. Jochen wusste, dass sein Traum in Erfüllung gehen könnte, wenn, ja wenn seine Familie dieses Vorhaben mittragen würde. Nachdem er seine Firma verkauft hatte, hatte er finanziell ausgesorgt, sodass von dieser Seite nichts gegen seine Unternehmung gesprochen hätte.

Jochen stand bei dieser Entscheidung vor einer großen Weggabelung, doch er wusste, dass er sich seinen Traum erfüllen wollte. Er entschied sich für diesen Weg und hoffte, dass seine Familie diese Entscheidung mittragen würde. Er hatte Glück, denn im Gespräch mit seiner Frau und den Kindern beschloss die Familie gemeinsam, dass er ein Jahr lang mit seinem Freund auf Tour gehen würde, denn alle hatten sein Traum gekannt und gewusst, wie wichtig er ihm war.

Wovon hängt es ab, wohin Ihr Weg Sie führt? Das Beispiel von Jochen zeigt, wie gut es tut, miteinander über seine Träume zu sprechen oder sogar miteinander zu träumen – und miteinander im Gespräch zu bleiben. Denn auch wenn sich die Wege für eine bestimmte Zeitspanne trennen, so kann eine gute Kommunikation in der Partnerschaft dazu beitragen, dass die Wege sich nicht völlig trennen müssen. Wenn Sie miteinander im Gespräch bleiben, dann ist das ein wichtiger Schritt in Richtung gut funktionierende Partnerschaft.

> **Glücksstrategie Nr. 51:**
> **Sprechen Sie mit Ihrem Partner über Ihre Träume und Wünsche!**

Glücksimpuls:

Eine gute Kommunikation in der Beziehung ist mir wichtig, weil ...

_____

Und warum noch? _____

Und warum noch? _____

Und warum noch? _____

Eine gute Kommunikation ist die Basis für eine glückliche Beziehung. Freundschaften und Beziehungen zerbrechen langsam und schleichend zumeist ab dem Punkt, an dem die Beteiligten aufhören, miteinander zu reden und sich füreinander zu interessieren. Wir kommunizieren Sie in Beziehungen? Welche Art von Kommunikation ist Ihnen wichtig?

Welche Rolle spielt Liebe Ihrer Ansicht nach in Beziehungen? Ist es Liebe, sich für den anderen und gegen das eigentliche Ziel zu entscheiden? Oder ist es Liebe, den anderen sich so entwickeln zu lassen, wie er es möchte? Wie ist das bei Ihnen? Was ist Ihnen in einer Beziehung besonders wichtig?

Glücksimpuls:
Besonders wichtig in einer Beziehung ist mir …

_____

Und was noch? _____

Und was noch? _____

Und was noch? _____

> Glücksstrategie Nr. 52:
> **Kommunizieren Sie
> liebevoll und positiv!**

Kreuzungen

An Kreuzungen stehen wir auch wieder vor Entscheidungen, hier jedoch können noch andere Menschen im wahrsten Sinne des Wortes unseren Weg kreuzen. Wir bekommen Impulse durch die Begegnungen mit anderen Menschen, wir können uns an ihrer Lebensweise orientieren, wir knüpfen neue Freundschaften. Wann immer wir Impulse von außen erhalten, kann es sein, dass diese Einfluss auf unser Leben nehmen und Veränderungen einläuten. Wann immer sich etwas in unserem Leben verändert, hat das auch eine Auswirkung auf das System, in dem wir uns bewegen. Das gilt gleichermaßen für Veränderungen in unserem Privat- und Berufsleben.

Sie können sich das wie bei einem Mobile vorstellen. Wenn Sie an einer Figur des Mobiles leicht ziehen, dann geraten auch alle anderen zu diesem Mobile gehörenden Figuren ins Wanken. Je nach Ausmaß des Impulses beruhigt sich das ganze System schnell oder aber die Figuren tanzen wild. Wie stark auch immer der Impuls sein mag: In jedem Fall steht keine einzelne der Figuren hinterher noch an ihrem alten Platz.

Übung: Wer hat meinen Weg gekreuzt?

Wer hat in den letzten Jahren Ihren Weg gekreuzt? Wer hat Spuren hinterlassen? Überlegen Sie einmal, welchen Einfluss diese Begegnung auf Ihr Leben hatte. Was hat sich dadurch für Sie verändert?

Wer?	Welchen Einfluss hat derjenige auf mein Leben?

Glückliche Beziehungen entstehen manchmal an solchen Kreuzungen. Wenn jemand Spuren in Ihrem Leben hinterlassen kann, dann liegt das daran, dass die Begegnung einen starken Impuls darstellt. Wovon hängt es ab, ob Sie und der andere Mensch dann ein Stück des Weges gemeinsam gehen? Wovon hängt es ab, ob Sie sich dann wieder aus den Augen verlieren werden?

Wissen Sie, was Ihnen an anderen gefällt? Was finden Sie anziehend? Wer weckt Ihr Interesse? Was verstehen Sie unter Attraktivität?

Glücksimpuls:
Attraktiv ist für mich, wenn jemand …

_____

Und was noch? _____

Und was noch? _____

Und was noch? _____

Wertschätzung in Beziehungen

Neben Liebe und guter Kommunikation als Grundpfeiler einer guten Beziehung ist auch die Wertschätzung ein weiterer wesentlicher Bestandteil. Unter Wertschätzung versteht man die positive Bewertung eines anderen Menschen. Eine wertschätzende Haltung ist von Respekt, Wohlwollen, Zugewandtheit und Anerkennung geprägt. Es scheint ein positiver Zusammenhang zwischen einem hohen Selbstwertgefühl und der Fähigkeit zur Wertschätzung zu bestehen. Das bedeutet, dass selbstbewusste Menschen eher wertschätzend sind als Menschen mit einem geringen Selbstwert.

Wertschätzung ist eine Währung, mit der wir alle gern bezahlt werden. Durch unser Bedürfnis nach Anerkennung und Zugehörigkeit tut uns Wertschätzung besonders gut. Untersuchungen aus dem Bereich der Eheforschung zeigen, wie wichtig Anerkennung, Bewunderung und Wertschätzung in Beziehungen sind. Das gilt jedoch sicherlich nicht nur für Paarbeziehungen, sondern lässt sich generell auf unser soziales Miteinander übertragen. Auch in der Wirtschaft ist das so: Wenn Arbeitnehmer sich nicht genügend wertgeschätzt fühlen, dann hilft ihnen auch ein gutes Gehalt auf Dauer nicht. Sie möchten für sich und Ihre Arbeit Anerkennung erfahren.

Das Besondere an glücklichen Beziehungen ist, dass positive und negative Gefühle geäußert werden – aber in der richtigen Mischung. Das Verhältnis von positiv zu negativ sollte mindestens 4 zu 1 betragen. Das bedeutet, dass Sie für jede kritische Äußerung oder negative Bemerkung mindestens 4 positive Dinge erwähnen sollten. Loben Sie, drücken Sie Dankbarkeit aus, schenken Sie Bewunderung, spenden Sie Wertschätzung und zeigen Sie Ihre Liebe.

Glückliche Menschen sind eher in der Lage, anderen Wertschätzung zu zollen – besonders dann, wenn ihr Freund oder ihre Freundin eine gute Nachricht erhalten hat oder erfolgreich ist. Viele sind der Meinung, dass sich wahre Freundschaft in schlechten Zeiten zeigt. Forscher haben herausgefunden, dass sich Freundschaft dann zeigt, wenn dem Partner etwas Gutes widerfährt. Wenn er dann nicht mit Angst oder Neid reagiert, weil er sich bedroht fühlt, sondern sich ehrlichen Herzens für Sie mitfreut, dann wissen Sie, dass er Sie mit Ihren Bedürfnissen wahrnimmt und Ihre Freundschaft wertschätzt. Fragen Sie sich, wie Sie auf gute Neuigkeiten Ihres Partners reagieren? Können Sie sich über die Glücksfälle des anderen mitfreuen? Können Sie mit ihm mitfühlen? Interessiert es Sie? Fühlen Sie sich dann gleichwertig? Wissen Sie den Beitrag des anderen wertzuschätzen?

Wertschätzung kann sich auch in Form von Hilfsbereitschaft zeigen!

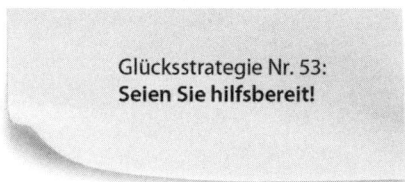

Glücksstrategie Nr. 53:
Seien Sie hilfsbereit!

Langjährige Beziehungen

Oftmals höre ich in Coachings, dass in langjährigen Partnerschaften viel gemeckert und kritisiert wird. Nach einigen Jahren enger Beziehung sehen die Partner immer weniger das Positive an ihrem Partner, sondern richten ihren Blick verstärkt auf das, was ihnen nicht gefällt. Mangelnde gegenseitige Wertschätzung führt dazu, dass unser Blick sich nach und nach fast unmerklich auf das richtet, was fehlt. Wenn Klienten mir nur noch erzählen können, was sie an dem anderen aufregt und stört, dann haben sie den Blick für das Positive verloren. Sie nehmen den anderen für selbstverständlich und strengen sich auch selbst nicht mehr besonders an. Doch damit wird in der Beziehung kaum merklich eine Abwärtsspirale in Gang gesetzt.

An dieser Stelle führe ich dann die »Was-ist-schon-da?«-Übung durch:

Übung: Was ist schon da?

Wenn ich diese Übung mit einem Klienten durchführe, dann schreibe ich als Erstes die folgende Karte:

Was fehlt?

Die bisherigen Bewertungen des Klienten über seine Beziehung sind unter dieser Fragestellung geschehen. Die Aufmerksamkeit lag darauf, was fehlt.

Dann drehe ich diese Karte um, denn jede Medaille hat zwei Seiten und beschrifte die andere Seite:

Was ist schon
da?

Stellen Sie sich vor, Sie wären der Klient, und betrachten Sie Ihre Beziehung unter dem Aspekt, was schon da ist. Was ist das Gute an Ihrer Beziehung? Schreiben Sie das auf, was Ihnen gefällt:

Was ist schon
da?

Wann war Ihnen zuletzt bewusst, dass schon so viel da ist? Wenn Sie sich das Gute in Ihrer Beziehung bewusst machen, was bewirkt das bei Ihnen?

Erzählen Sie Ihrem Partner davon – es wird ihm guttun. Vielleicht hat er Lust, sich ebenfalls bewusst positive Gedanken über Ihre Beziehung zu machen. Wenn Sie sich gegenseitig voller Wertschätzung und Wohlwollen betrachten, dann wird Ihre Beziehung davon profitieren. In glücklichen Beziehungen gelingt es den Partnern auch nach Jahren noch, sich umeinander zu bemühen. Sie sind sich dabei behilflich, das Beste aus sich herauszuholen. Schreiben Sie sich wieder kleine »Ich-liebe-dich«-Botschaften und zeigen Sie sich von ihrer besten Seite. Denken Sie an den Beginn Ihrer Beziehung zurück. Was haben Sie an Ihrem Partner besonders wertgeschätzt?

Glücksimpuls:
Ich weiß es sehr zu schätzen, dass ...

_____

Und was noch? _____

Und was noch? _____

Und was noch? _____

Mit Wertschätzung und Anerkennung geben Sie Ihren Beziehungen und Ihren Freundschaften positive Impulse. Die Wertschätzung, die Sie anderen schenken, kehrt zu Ihnen zurück. Probieren Sie es aus! Ob mit Ihrer Familie, Ihren Freunden, Ihren Kindern oder Kollegen.

Übung: Wie schön, dass du ...

Vereinbaren Sie mit Ihrem Partner einen Jour fixe: einen Tag in der Woche, an dem Sie sich für eine Viertelstunde – gern auch länger – zusammensetzen und Wertschätzung praktizieren. Erzählen Sie sich abwechselnd, was Sie aneinander schätzen, wie zum Beispiel: »Ich fühle mich bei dir geborgen.«

Hilfreich könnte für Sie der folgende Glücksimpuls sein:

Glücksimpuls:
Wie schön, dass du ...

Und was noch?

_____

Und was noch?

_____

Und was noch?

_____

Eine Zeit lang haben mein Mann und ich uns jeden Donnerstagabend um 21 Uhr bei uns im Wohnzimmer zu einem Glas Rotwein getroffen und diese Wertschätzungsübung praktiziert. Anschließend haben wir dann in der nächsten Runde uns selbst gegenüber Wertschätzung geübt. Sie können sich vorstellen, wie aufbauend diese Abende für uns waren.

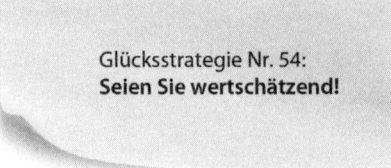

Glücksstrategie Nr. 54:
Seien Sie wertschätzend!

Anders sein – warum es guttut, nicht mehr zu werten

»Menschen denken ständig über andere nach und darüber, was andere über sie denken und was andere denken, das sie über andere denken …«
Ronald David Laing

Kennen Sie das auch? Jemand erzählt Ihnen etwas über eine dritte Person und drückt klar sein Unverständnis und seine Ablehnung aus. »Mein Kollege ist viel penibler als ich« oder »Bei meiner Freundin kann man vom Fußboden essen. Also ich lege ja nicht so viel Wert auf Ordnung. Mir sind andere Dinge wichtiger«. Diese sozialen Vergleiche führen in den meisten Fällen nicht gerade dazu, dass der Dritte, über den man spricht, in einem guten Licht dasteht.

Wir neigen dazu, andere zu bewerten, und zwar in der Form, dass wir selbst dabei ganz gut dastehen. Zur eigenen Aufwertung nehmen wir billigend in Kauf, einen anderen abzuwerten. Doch der Moment des Triumphs ist kurz. Denn während wir uns dabei selbst zuhören, wie wir einen anderen »schlechtmachen«, fühlen wir uns eigentlich schon in demselben Moment selbst schlecht.

Glückliche Menschen werten nicht ab, sondern akzeptieren ihre Mitmenschen in ihrer Gesamtheit. Sie müssen andere nicht abwerten oder bewerten, so wie wir es aus der Schule kennen. Wenn wir uns mit anderen vergleichen, indem wir Schulnoten von 1 bis 6 vergeben, dann denken wir in den Kategorien »besser« und »schlechter«. Dann steht am Ende immer einer als der Unterlegene da. Machen Sie aus dem »besser« und »schlechter« lieber ein »anders«. Das tut gut!

Glückstipp: Anderes entdecken

Überlegen Sie, was Ihnen bei anderen fremd vorkommt. Was machen diese anders als Sie? Was könnten Sie davon für sich mitnehmen? Denken Sie sich 3 Eigenschaften bei 3 anderen Menschen, die nicht zu Ihrem eigenen Repertoire gehören. Überlegen Sie genau, inwiefern diese anders sind.

Statt neidisch auf die Erfolge oder bewundernswerten Eigenschaften anderer zu sein, können wir ausprobieren, uns mitzufreuen. Meine Eltern haben mir das Motto mit auf den Weg gegeben: »Man muss auch gönnen können.« Fühlen Sie sich nicht von anderen bedroht! Wenn einer Ihrer Mitmenschen etwas hat oder kann, was Sie auch gern hätten, gönnen Sie es ihm und fragen Sie ihn doch nach seiner Strategie, dann können Sie es ihm nachtun und ihn als Ansporn für sich selbst nehmen.

Glücksimpuls:
Ich würde gern …

_____

Und was noch? _____

Und was noch? _____

Und was noch? _____

Glücksstrategie Nr. 55:
Vermeiden Sie Vergleiche!
Entdecken Sie „anderes"!

Hindernisse und Stolpersteine

»Sei du selbst die Veränderung,
die du dir wünschst für diese Welt.«
Mahatma Gandhi

Bis hierhin haben Sie schon viele Etappen Ihrer Reise gemeistert. Sie haben sich gut vorbereitet, Ihre Ziele festgelegt und die Reise geplant. Sie wissen, welchen Weg Sie einschlagen möchten und gehen frohen Mutes los. Doch dann steht Ihnen plötzlich etwas im Weg. Wie gehen Sie damit um?

Es ist sehr hilfreich, eine Unterscheidung zwischen Hindernissen und Stolpersteinen vorzunehmen. Wenn Sie wissen, was genau Ihnen im Weg liegt, können Sie die Maßnahme auswählen, die Sie dann ergreifen möchten.

Hindernis oder Herausforderung – Sie haben die Wahl!

Hindernisse, die in unserem Weg stehen, zeichnen sich dadurch aus, dass sie groß und gut sichtbar sind. Sie stellen uns vor eine neue Entscheidung: Sollen wir umdrehen oder versuchen, sie zu überwinden? Das würde eine große Kraftanstrengung bedeuten. Hindernisse bringen uns dazu, nach Alternativen zu suchen oder noch weitere Kompetenzen zu erlangen, die uns befähigen, das Hindernis zu überwinden. Es gibt 2 Arten von Hindernissen:

- *Überwindbare Hindernisse:*
  Anton, ein 48-jähriger Manager, der bisher für den Vertrieb im deutschsprachigen Raum zuständig war, wird befördert. Einerseits freut er sich darüber, denn die Beförderung bedeutet Verantwortung für das Unternehmen auf internationaler Ebene. Andererseits werden nun Geschäftsreisen rund um den Globus

zu seinem Alltag gehören, doch er hat Flugangst, die er bisher verbergen konnte.

- *Was kann Anton nun tun?*

  Anton könnte ein Seminar gegen Flugangst besuchen, das von verschiedenen Fluggesellschaften angeboten wird. Die Erfolgsquoten solcher Seminare sind sehr hoch, sodass er seine Angst überwinden und die Geschäftsreisen antreten könnte.

  → Konsequenz: Anton kann die neue Aufgabe wahrnehmen

- *Unüberwindbare Hindernisse:*

  Wenn es Anton nicht möglich ist, seine Angst zu überwinden, könnte er sich rein theoretisch überlegen, ein anderes Transportmittel zu nutzen. Praktisch ist das bei den großen Entfernungen aber unmöglich.

  → Konsequenz: Anton kann die neue Aufgabe nicht wahrnehmen.

Wenn Ihnen etwas im Weg liegt, das Sie nicht erwartet haben: Welche Wirkung hat das auf Sie? In welcher Form denken Sie darüber? Die Sprache spielt bei dieser Frage eine große Rolle. Woran denken Sie, wenn Sie das Wort Hindernis hören? Und woran denken Sie, wenn Sie das Wort Herausforderung hören? Vermutlich werden Sie sich bei dem Wort Hindernis schwer fühlen, das Wort Herausforderung löst vielleicht Tatendrang in Ihnen aus – in Gedanken planen Sie schon die nächsten Schritte. Wenn Sie sich selbst Mut machen möchten, dann könnte es Ihnen helfen, wenn Sie intern von Herausforderungen sprechen, die es zu meistern gilt. Dieser Ausdruck impliziert, dass Sie aktiv und selbstverantwortlich sind.

Glücksimpuls:

Wenn ich an eine Herausforderung in meinem Leben denke, ...

_____

Und was noch? _____

Und was noch? _____

Und was noch? _____

Glücksstrategie Nr. 56:
**Sehen Sie Hindernisse
als Herausforderungen!**

Wer legt eigentlich die Stolpersteine?

Etwas kleiner als Hindernisse sind die Stolpersteine, die auf unserem Weg liegen. Stolpersteine sind leicht zu übersehen und bringen uns kurzfristig vom Kurs ab. Angenommen, Sie hätten sich an einer Schauspielschule beworben und wären abgelehnt worden. Was würden Sie dann machen? Geben Sie Ihren Traum sofort auf, weil Sie denken, dass Sie ja doch nicht gut genug sind, oder probieren Sie es einfach an anderen Schauspielschulen?

Es kommt darauf an, wie Sie mit kurzfristigen und vielleicht unerwarteten Misserfolgen oder Kurskorrekturen generell umgehen. Ihre Antwort lässt darauf schließen, wie optimistisch Sie sind. Der Begriff *optimistischer Attributionsstil* bedeutet, dass Sie die Ursachen für Erfolge, die Sie erreicht haben, bei sich suchen (internal). Sie vertrauen darauf, dass Sie generell die Fähigkeit besitzen, das zu erreichen, was Sie erreichen möchten (stabil). Wenn Sie einen Misserfolg erleben, dann schreiben Sie das eher den Umständen (external) und der Situation (variabel) zu und sehen nicht sich selbst als die Hauptursache. Zum Beispiel könnten sich Gedanken im optimistischen Attributionsstil nach der nicht bestandenen Aufnahmeprüfung an der Schauspielschule so anhören: »Ich habe die Prüfung nicht bestanden, weil der Prüfer sehr komisch und unfair in seiner Bewertung war. Für diese Schule hat es eben nicht gereicht.« Diese Art zu denken wird es Ihnen ermöglichen, sich noch an anderen Schulen zu bewerben, weil Sie an sich und Ihre Fähigkeiten glauben und zuversichtlich sind, dass Sie es noch schaffen können.

Wenn Sie aber den entgegengesetzten, einen *pessimistischen Attributionsstil* pflegen, dann werden Sie denken, dass es an Ihnen lag und Sie einfach nicht gut genug sind. Das ist deshalb so hinderlich, weil Pessimisten die Überzeugung haben, dass Misserfolg sozusagen ihr Schicksal ist, und sie deshalb mit ihren Anstrengungen und Leistungen unter ihren Möglichkeiten bleiben. Für Pessimisten geraten Stolpersteine dann schnell zu unüberwindlichen Hindernissen, die sie dazu zwingen, einen anderen Weg zu wählen.

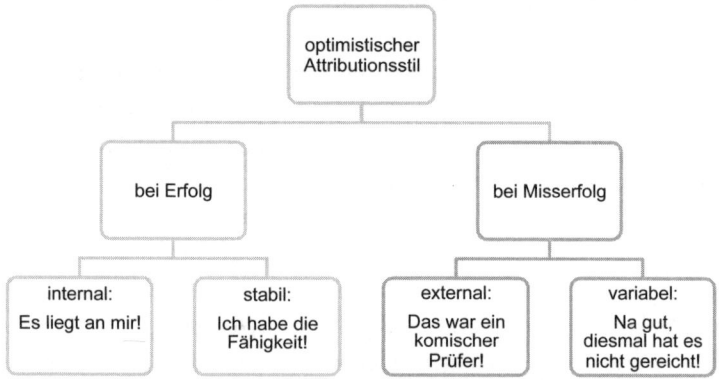

Abb. 25: Optimistischer Attributionsstil nach Seligman (Zimbardo 2004)

Überprüfen Sie für sich, wie Sie denken. Wenn ein solches Ereignis dazu führt, dass Sie einen anderen Weg einschlagen, dann könnte es vielleicht sein, dass Sie sich durch einen pessimistischen Attributionsstil die Stolpersteine selbst in den Weg legen. Denn nur weil Sie einmal durchgefallen sind, muss es ja nicht gleich heißen, dass Sie generell nicht dazu geeignet sind. Denken Sie nur mal an später sehr erfolgreiche Buchautoren, deren Manuskripte von unzähligen Verlagen abgelehnt worden waren, bevor sie schließlich den richtigen gefunden haben …

Räumen Sie sie aus dem Weg!
Mit einem optimistischen Attributionsstil wird es Ihnen eher gelingen, Stolpersteine aus dem Weg zu räumen. Es liegt zum Teil an Ihnen, ob Sie den Weg trotz kleiner Unwägbarkeiten weitergehen. Stehen Sie sich nicht selbst im Weg.

Glücksstrategie Nr. 57:
Seien Sie optimistisch!

Etwas Schönes daraus bauen

Goethe sagte: »Auch aus Steinen, die einem in den Weg gelegt werden, kann man Schönes bauen.« Wenn Sie vor Stolpersteinen stehen, die Sie auch mit einer optimistischen Haltung nicht aus dem Weg räumen können, dann halten Sie es doch mit Goethe: Bauen Sie etwas Schönes daraus.

Ich kann mich gut daran erinnern, wie ich es früher empfunden habe, wenn etwas nicht so glatt lief, wie ich es mir gewünscht hatte. Dann sagten meine Eltern, ich solle das Beste daraus machen. Aber was ist das Beste? Meine Flexibilität war gefragt: Wie konnte ich auf diesem Weg weitergehen?

Wenn wir im Sinne Goethes etwas Schönes daraus bauen wollen, dann sind unsere Flexibilität und Kreativität gefragt. Um etwas Schönes daraus zu bauen oder Stolpersteine aus dem Weg zu räumen, benötigen wir Bewältigungsstrategien. Welches sind Ihre Strategien im Umgang mit Schwierigkeiten?

Je genauer Sie Ihre persönlichen Bewältigungsstrategien kennen, desto besser fühlen Sie sich für neue Herausforderungen gewappnet. Eine klassische Bewältigungsstrategie ist zum Beispiel die Bagatellisierung: »So groß ist der Fleck gar nicht«, andere sind Ablenkung, Entspannung und positive Selbstinstruktion.

Übung: Profitieren Sie von Ihren Erfahrungen!

Wenn Sie an Stolpersteine denken, die in Ihrem Weg lagen, wie ist Ihre Erfahrung damit im Nachhinein? Was hat Ihnen geholfen, sie aus dem Weg zu räumen oder etwas Schönes daraus zu bauen? Was haben Sie aus Ihren Erfahrungen gelernt? Oder mit anderen Worten: Was sind Ihre Bewältigungsstrategien? Beispiel: Sie haben eine wichtige Verabredung am Abend, für die Sie sich extra etwas Schickes zum Anziehen gekauft haben. Nachmittags nehmen Sie Ihre Abendgarderobe aus dem Schrank und sehen, dass auf Ihrer neuen Jacke ein Fleck ist. Gehen Sie zum Laden und reklamieren Sie die Jacke? Oder suchen Sie nach einer anderen Jacke? Oder sagen Sie Ihre Verabredung ab? Was tun Sie? Wie gehen Sie mit Stolpersteinen um? Denken Sie an eine unerwartete Situation und daran, wie Sie sie bewältigt haben.

Stolperstein-Situation	meine Bewältigungsstrategie

Glücksstrategie Nr. 58:
Nutzen Sie Ihre Bewältigungsstrategien!

96 %: Absage an den Perfektionismus

In vielen Coachings berichten meine Klienten davon, dass sie unter Druck stehen und das Gefühl haben, nicht gut genug zu sein. Bei genauerer Betrachtung der Ursache für diesen Druck zeigt sich meist schnell, wo dieser entsteht: beim Klienten selbst. Aus Angst davor, Fehler zu machen und für diese abgestraft zu werden, neigen die Klienten zu Perfektionismus und setzen sich damit selbst unter einen großen Druck, dem sie dann kaum standhalten können.

Anfangs habe ich während des Coachings dann eine Karte mit den Worten »Ich darf auch Fehler machen« beschriftet und diese vor den Klienten gelegt. Manchmal führt schon allein das zu etwas Erleichterung. Aber oft bemerkte ich, dass diese Hilfestellung noch nicht reichte. Viele hatten zu schlechte Erfahrungen mit Fehlern gemacht. Sie fühlten sich in bestimmten Situationen als Versager und versuchten nun tunlichst, sich so zu verhalten, dass sie weitere Fehler vermeiden und alles richtig machen konnten. Alles? Wie aber ist es möglich, alles richtig zu machen? Ich sage es Ihnen: Es ist gar nicht möglich! Es ist unmöglich und unnötig!

Bei dem Bemühen, ein fehlerfreies Leben zu führen, weil wir perfektionistisch sind, legen wir uns für unseren Weg quasi selbst Blei in die Schuhe. So setzen wir uns freiwillig – nicht bewusst, aber freiwillig – unter Druck. Und das gelingt uns meistens sehr gut.

Was können wir dagegen tun? Durch meine Arbeit bin ich auf die Idee gekommen, eine weitere Karte auszustellen:

96 %

Mehr steht nicht darauf. Nur: 96 %. Doch warum 96 %?

Hintergrund ist die Tatsache, dass die Note 1 in der Schule nicht dafür steht, dass der Schüler 100 % erreicht hat, sondern dass die Leistungen in einem Bereich zwischen 92 % und 100 % liegen. 96 % sind also wirklich eine sehr beachtliche und sehr gute Leistung. Perfektionistische Menschen sind der Ansicht, dass sie auf jeden Fall *sehr gut* sein müssen, darunter geht es nicht. Ihr Selbstwertgefühl ist an die von ihnen erbrachten Leistungen geknüpft, und deshalb ist es für sie so wichtig, richtig gut zu sein.

Sie glauben gar nicht, welch große Wirkung diese Karte hat! Ich kann am Seufzen förmlich hören, wie wohltuend und entlastend das für meine Klienten ist.

Einem Klienten waren 96 % zu wenig. Er protestierte entschieden. Als Kompromiss schrieb ich für ihn »98 %« auf die Karte – dann konnte auch er aufseufzen.

Gertrud arbeitete als Führungskraft in einem großen, weltweit agierenden Unternehmen. Sie stand kurz vor einem Burn-out, denn mit jedem Karriereschritt waren die Anforderungen stets gestiegen. Da sie überaus perfektionistisch veranlagt war, drohte sie unter der Gesamtlast zusammenzubrechen. Verzweifelt rief sie mich an und fragte mich, was sie nun tun könnte, um sich besser zu fühlen. Ich fragte sie, ob sie bereit für ein Experiment wäre.

Ich bat sie, einen kleinen weißen Zettel und einen bunten Stift zur Hand zu nehmen. Dann instruierte ich sie, in großer Schrift 96 % daraufzuschreiben. Durchs Telefon konnte ich ihr Erstaunen spüren. Sie fragte mich: »Mehr nicht?«, was ich verneinte. Ich erklärte ihr, was es mit dieser Prozentangabe auf sich hatte und riet ihr, diesen kleinen Zettel in ihre Hosentasche oder Handtasche zu stecken, sodass sie ihn bei ihrer Arbeit immer bei sich tragen und sich darin erinnern könnte.

Zwei Wochen später erhielt ich folgende Nachricht von ihr: »Hier nur mal eben eine kurze Zwischenbilanz. Der Tipp mit den 96 % ist klasse. Es gelingt mir fast täglich, daran zu denken und es auch umzusetzen. Vielen Dank!«

Nur für den Fall, dass auch Sie leicht perfektionistische Züge aufweisen, dann füllen Sie den nachfolgenden Glücksimpuls aus:

Glücksimpuls:
96 % ermöglichen mir, …

_____

Und was noch? _____

Und was noch? _____

Und was noch? _____

Eine Anekdote noch zum Abschluss: Einer meiner Klienten rief mich eine Woche, nachdem wir diese 96 %-Übung durchgeführt hatten, an und erzählte mir, dass er nun zu den Fortgeschrittenen gehören würde, denn er hätte sich soeben eine Karte mit »80 %« beschriftet …

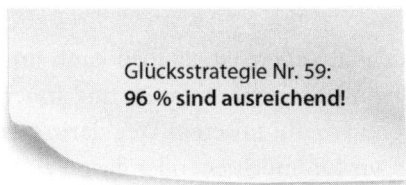

Glücksstrategie Nr. 59:
96 % sind ausreichend!

Ermutigen Sie sich und andere!

Bei Hindernisse und Stolpersteinen, die in Ihrem Weg oder auch im Weg von engen Bezugspersonen liegen, bedarf es oft der Ermutigung.

Ermutigung steht für Mut machen und hilft, Energien freizusetzen und persönliche Hindernisse, Hürden und Schwierigkeiten zu überwinden. Das Besondere an der Ermutigung ist, dass sie zukunftsorientiert ist – im Gegensatz zu Anerkennung, die sich auf Vergangenes richtet. Ermutigung setzt da an, wo Zweifel und Mutlosigkeit herrschen, und bewirkt eine Steigerung von Selbstvertrauen und Selbstwert.

Ermutigung tut gut, denn sie ist der sprichwörtliche Schulterklopfer, der kleine Anschubser oder auch der »Tritt in den Hintern«, der hilft, dass man auf dem Weg nicht ins Stocken gerät.

Ermutigung gibt es in vielen Facetten:
- Ermutigung, Hindernisse überwinden zu können
- Ermutigung, nach Alternativen zu suchen
- Ermutigung, erforderliche Kompetenzen zu erlangen
- Ermutigung, in Herausforderungen und nicht in Hindernissen zu denken
- Ermutigung, optimistisch zu sein

- Ermutigung, das Beste aus der Situation zu machen
- Ermutigung, auch mal Fehler machen zu dürfen
- Ermutigung, dass 96 % ausreichend sind
- Ermutigung, neue Wege zu finden und zu gehen
- Ermutigung, an sich selbst zu glauben
- Ermutigung, auch an Grenzen zu gehen

An sich und auch an andere zu glauben kann uns dazu befähigen, unsere Persönlichkeit zu entfalten und inneres Wachstum zu erfahren. Wenn wir auf unserem Weg darin bestärkt werden, das zu tun, was wir tun möchten, oder davon zu träumen, dann unterstützt uns das darin, authentisch zu sein.

Wie geht es Ihnen, wenn jemand Sie ermutigt? Stärkt es Ihren Glauben an Ihre eigenen Fähigkeiten? Sicherlich verhilft es Ihnen dazu, Ihre Ressourcen zu aktivieren und selbstverantwortlich zu agieren. Denn wenn Sie ermutigt werden, schöpfen Sie vermutlich auch die Kraft, sich von Rückschlägen nicht demotivieren zu lassen.

Dort, wo Ermutigung Raum greift, ist kein Platz mehr für Minderwertigkeitsgefühle. Wenn wir an einer Hürde scheitern, die auf unserem Weg liegt, sind wir meistens nur allzu schnell bereit, uns selbst zu verurteilen und das Gefühl zu entwickeln, dass wir so, wie wir sind, nicht gut genug sind. Denn es ist nur zu menschlich, dass Zweifel an unserem Selbstwertgefühl nagen. Anerkennung und Ermutigung wirken dem entgegen.

Übung: Ich ermutige mich und andere

Erinnern Sie sich daran, wie es war, als Sie das letzte Mal ermutigt wurden. In welcher Situation war das? Wer hat Ihnen Mut gemacht? Und wodurch? Worin könnten Sie sich jetzt ermutigen? Denken Sie an Ihr Umfeld: Wer benötigt im Moment Ermutigung?

Wer?	Wobei könnte Ermutigung guttun?
Ich	

Wenn Sie anderen Mut machen, tut es nicht nur dem anderen, sondern auch Ihnen gut. Probieren Sie es aus, denn Ermutigung stärkt das Zusammengehörigkeitsgefühl und die Beziehung.

Glücksstrategie Nr. 60:
Ermutigen Sie sich und andere!

Reiseapotheke

Auf Ihrer Reise in Richtung Glück können unvorhergesehene Ereignisse eintreten. Wenn Sie bereits einige Etappen geschafft haben und es dann doch erforderlich ist, ein paar Schritte zurückzugehen, lassen Sie sich davon nicht entmutigen. Es ist für jede Veränderung und Entwicklung charakteristisch, dass es auch kleine »Rückschritte« gibt. Sie gehören dazu und sind vollkommen menschlich. Wünschenswert ist dabei jedoch, dass es nicht zu weit zurückgeht.

Rückfallprävention

Wenn es Ihnen auf dem Weg aufgrund einzelner Übungen gelungen ist, »alte« Verhaltensmuster aufzubrechen und zu verlassen, um diese gegen »neue«, erwünschte Verhaltensweisen auszutauschen, so kann es hin und wieder sein, dass Sie bemerken, wie Sie in alte Verhaltensmuster zurückfallen. Was tue ich, wenn …?

Alarmsignale erkennen

Woran können Sie bemerken, dass Sie drauf und dran sind, in Ihr »altes« Muster zurückzufallen? Was sind typische Anzeichen dafür?

Eine Klientin von mir berichtete, dass sie Aufgaben wieder an ihre Mitarbeiter delegierte, weil sie die Verantwortung »gefühlt« abgeben wollte, obwohl es ihr erklärtes Ziel war, selbst die gesamte Verantwortung zu tragen. Hinterher ärgerte sie sich dann immer, weil sie es als derartig großen Rückschritt ansah. Sie erzählte, dass diese Entwicklung immer damit beginne, dass sie um Hilfe bitte, wenngleich sie für sich schon eine Lösung im Kopf habe, und dann die Aufgabe schließlich abgebe.

Somit hatten wir die ersten Alarmsignale identifiziert: 1. um Hilfe bitten, auch wenn diese nicht wirklich erforderlich ist, und 2. das Abgeben der Aufgabe.

Übung: Alarmsignale erkennen

Wie ist es bei Ihnen? Welche Anzeichen deuten bei Ihnen darauf hin, dass Sie in ein »altes« Muster fallen? Welche Ihrer Glücksstrategien gerät mehr in den Hintergrund, als Sie es möchten?

Versuchen Sie, die Alarmsignale zu identifizieren, und schreiben Sie sie auf:

1. _____

2. _____

3. _____

Drei Sofortmaßnahmen

Welches alternative Verhalten würden Sie lieber zeigen? Welche Sofortmaßnahmen könnten Sie einleiten, damit Sie möglichst nicht in das »alte« Muster fallen?

Nehmen Sie eine solche Situation als Trainingsmöglichkeit für sich selbst wahr. Wenn Sie sich nicht ärgern, sondern stattdessen Ihre Energie darauf verwenden, neue Verhaltensweisen einzuüben, so werden Sie in derartigen Situationen wachsen.

Meiner Klientin half es beispielsweise, mit jemandem zu reden, bevor sie die Aufgabe von sich wegschieben konnte. Sie vertraute sich einer Freundin an, die in diesen Situationen ein ermutigendes und vertrauensvolles Gegenüber war. Es hilft, sich Unterstützung einzuholen und sich selbst zu ermutigen. Wenn Sie Rückschritte nicht als Fehler, sondern als Chancen annehmen können, werden Sie Ihren Weg leichten Fußes weitergehen können.

Übung: Meine Sofortmaßnahmen

Welche Sofortmaßnahmen fallen Ihnen ein? Gibt es jemanden, mit dem Sie reden könnten? Was sind Ihre Strategien im Falle eines Falles?

Notieren Sie hier 3 Sofortmaßnahmen, die Ihnen in unterschiedlichen Situationen guttun werden.

1. _____

2. _____

3. _____

Teil III: Das Ziel der Reise

»Sobald der Geist auf ein Ziel gerichtet ist,
kommt ihm vieles entgegen.«
Johann Wolfgang von Goethe

Auf Ihrer Reise zum Glück haben Sie an dieser Stelle schon viele Etappen geschafft. Bei dieser besonderen Reise ist schon der Weg an sich das Ziel. Sobald Sie Ihr Augenmerk auf das Glück in Ihrem Leben richten, haben Sie sich schon für diesen Weg entschieden. Das Reiseziel Glück ist das Ergebnis eines langen Prozesses, weshalb dem zweiten Teil auch die größte Bedeutung in diesem Buch zukommt und es nun im dritten Teil darum geht, das Erarbeitete und Gelernte in Ihren Alltag zu transportieren – das ist schließlich das eigentliche Ziel der Reise. Wie kann es Ihnen gelingen, nachhaltig Glück in Ihren Alltag zu integrieren? Praktizieren Sie Glück – jeden Tag.

Glücksexperte

Sie sind nun zu einem Glücksexperten herangereift, besser gesagt: zu Ihrem eigenen Glücksexperten! Sie wissen, dass es nur einen Menschen gibt, der Ihr Reiseziel bestimmen kann: Sie selbst. Mithilfe dieses Buches können Sie dauerhaft Ihr Glücksniveau steigern, Ihre Glückskompetenz herausbilden, Ihr Glücksbewusstsein schärfen und wissen, warum es in Ihrer Hand liegt, sich für das Reiseziel Glück zu entscheiden. Sie haben nun die Kompetenz dafür,

☑ Ihre Reisevorbereitungen zu treffen: Warum ist Glück wichtig für Sie? Was ist Glück für Sie?

☑ Ihre Standortbestimmung durchzuführen: Wo stehen Sie genau? Was macht Sie einzigartig? Wie können Sie ein positives Selbst-Konzept entwickeln?

☑ Ihr Reiseziel frei zu bestimmen: Welchen Weg möchten Sie gehen? Wohin führt Sie Ihre Reise durchs Leben? Was sind Ihre Träume, Wünsche und Ziele?

☑ Ihren Rucksack so zu packen, das Sie ihn gut tragen können: Welche Souvenirs haben Sie in Ihrem Rucksack aus der Vergangenheit dabei? Wovon möchten Sie sich trennen? Wie können Sie loslassen? Welche sind ganz besonders kostbar? Welche bekommen einen besonderen Platz? Welche nehmen Sie weiterhin mit? Wofür sind Sie dankbar?

☑ Ihren Koffer oder ein leichtes Handgepäck zu packen: Was packen Sie ein? Was möchten Sie mitnehmen? Was benötigen Sie? Was ist schon da? Welche Werte möchten Sie leben?

☑ Ihren Reiseproviant auszuwählen: Sie profitieren von Glücksimpulsen, Sie lächeln am Morgen, Sie sehen das Gute, Sie geben sich innere Erlaubnisse, Sie leben authentisch, Sie machen Ihr Herz für Ihre Mitmenschen weit und Sie wissen, dass Sie der Schlüssel zu Ihrem Glück sind.

☑ Ihre Wegbegleiter und Mitreisenden einzuordnen: Wer ist verlässlich an Ihrer Seite? Wer ist ein »bedeutsames Du«? Wer ist Mitreisender? Wie entscheiden Sie sich an Weggabelungen? Wer kreuzt Ihren Weg? Wie wertschätzend gestalten Sie Ihre Beziehungen? Welche Grundpfeiler sind neben Liebe und einer guten Kommunikation für Sie wichtig? Wie können Sie das »Anderssein« anderer schätzen lernen?

☑ Hindernisse und Stolpersteine zu identifizieren: Wie überwinden Sie Hindernisse? Wie räumen Sie Stolpersteine aus dem Weg? Wie können Sie sich vom Perfektionismus verabschieden? Wie können Sie sich und andere bei der Bewältigung von Hindernissen ermutigen?

☑ Ihre Reiseapotheke zu bestücken: Wer oder was kann Ihnen im Notfall einmal hilfreich sein? Wie erkennen Sie Alarmsignale? Welche Sofortmaßnahmen können Sie treffen?

Mit anderen Worten: Sie haben nun die Kompetenz dafür

☑ Ihr Ticket für ein glückliches Leben zu lösen ...

Glücks-Bingo

Bei dieser besonderen Art von Bingo haben Sie es selbst in der Hand, ob Sie »gewinnen« oder nicht. Sie bekommen dieses Bingo-Feld nicht rein zufällig von einem Spielleiter überreicht, sondern Sie gestalten es selbst, indem Sie in das untenstehende Bingo-Feld in jedes einzelne Feld eine Glücksstrategie eintragen. Wählen Sie aus den 60 unterschiedlichen Strategien diejenigen aus, auf die Sie in der nächsten Woche Ihr ganz besonderes Augenmerk richten möchten. Wann immer Sie bewusst bemerken, dass Sie eine dieser Strategien angewendet haben, dann können Sie sie ankreuzen.

Ziehen Sie am Ende der Woche doch einfach einmal Bilanz, welche der Glücksstrategien Sie bereits am häufigsten anwenden. Hätten Sie das so erwartet?

Meine Glücks-strategie 1:	Meine Glücks-strategie 2:	Meine Glücks-strategie 3:
Meine Glücks-strategie 4:	Meine Glücks-strategie 5:	Meine Glücks-strategie 6:
Meine Glücks-strategie 7:	Meine Glücks-strategie 8:	Meine Glücks-strategie 9:

Abb. 26: Ihr persönliches Glücks-Bingo-Feld

Glückstipp: Glücks-Bingo

Spielen Sie doch einmal in der Woche Glücks-Bingo. Probieren Sie aus, ob ein 3x3-Glücks-Bingo-Feld für Sie gut geeignet ist oder vielleicht eher ein 4x4-Feld.

Vielleicht ist es für Sie auch eine schöne Idee, mit Ihrer Familie oder Freunden zusammen Glücks-Bingo zu spielen. So können Sie gemeinsam spielerisch zu mehr Glück gelangen.

Der Schlüssel zu meinem Glück bin ich!

Glücklich zu sein, Glück zu empfinden und Glück mit anderen zu teilen, ist etwas ganz Großartiges. Sie sind der Schlüssel zu Ihrem Glück! Es ist die reiche Ernte, die wir einfahren können, wenn wir auf unserem Weg bewusst und sorgsam Glückssamen setzen. Das ist nicht immer leicht und manche Früchte benötigen mehr Zeit zum Heranreifen als andere, aber es ist möglich!

Wenn Ihnen bewusst ist, warum es wichtig ist, sich mit Glück zu beschäftigen, und was Glück für Sie bedeutet, dann sind Sie schon aktiv dabei, Ihr Feld zu bestellen. Mithilfe der einzelnen Übungen, Tipps, Strategien und Impulse wird es Ihnen gelingen, eine reiche Ernte zu haben. Auch wenn Sie auf Ihrem Weg einige Umwege gehen werden oder wenn Hindernisse und Stolpersteine im Weg liegen, können Sie das als Möglichkeit zu innerem Wachstum ansehen, bis Sie dann die Früchte Ihres Glücks genießen dürfen.

Füllen Sie nun diese Karte für sich aus. Was tun Sie – abgesehen von der Lektüre dieses Buches – für Ihr Glück?

Das tue ich für mein Glück:

....

....

Zum Glück gecoacht

Ich wünsche Ihnen eine glücklich-glückliche Reise durch Ihr Leben!

Anhang

Alle Glücksstrategien auf einen Blick

1. Freuen Sie sich Ihres Lebens! _____ 23
2. Nutzen Sie Ihre Ressourcen! _____ 33
3. Bringen Sie Ihre Glückshormone in Schwung! _____ 40
4. Lassen Sie Ihre Gefühle zu! _____ 41
5. Seien Sie selbst-bewusst! _____ 46
6. Vermeiden Sie Stress! _____ 52
7. Beschäftigen Sie sich mit Glück! _____ 54
8. Lernen und trainieren Sie Glück! _____ 57
9. Entwickeln Sie eine positive Lebenseinstellung! _____ 59
10. Entscheiden Sie sich bewusst für Glück! _____ 66
11. Kosten Sie Glücksmomente aus! _____ 69
12. Lernen Sie Ihre nachhaltigen Glücklichmacher kennen! _____ 71
13. Laden Sie das Glück durch lösungsorientierte Gedanken
    zu sich ein! _____ 78
14. Übernehmen Sie die Verantwortung für Ihr Glück! _____ 82
15. Gestalten Sie Ihr Leben! _____ 84
16. Nutzen Sie Ihre persönlichen 40 %! _____ 88
17. Denken Sie proaktiv! _____ 91
18. Führen Sie eine Standortbestimmung durch und ziehen
    Sie Bilanz! _____ 93
19. Hören Sie auf Ihre innere Stimme! _____ 97
20. Finden Sie heraus, wer Sie sind! _____ 100
21. Identifizieren Sie Ihre Lebensbereiche! _____ 106
22. Erstellen Sie Ihr persönliches Stärkenprofil! _____ 111
23. Führen Sie eine aufrichtige Bestandsaufnahme durch! _____ 114
24. Entwerfen Sie ein positives Selbstkonzept! _____ 117
25. Sorgen Sie für Ihren Schutzmantel! _____ 120
26. Seien Sie sich selbst der beste Freund! _____ 122
27. Finden Sie heraus, was Sie glücklich-glücklich macht! _____ 127
28. Machen Sie Ihre Träume wahr! _____ 131
29. Entdecken Sie Ihr Talent! _____ 134
30. Spüren Sie Ihre »Vor-Bilder« auf! _____ 135
31. Nehmen Sie Ihre Sehnsucht wahr! _____ 138
32. Setzen Sie sich Ziele! _____ 141

33. Machen Sie Frühjahrsputz in Ihrer Seele! _____ 144

34. Wertschätzen Sie Ihre kostbaren Erinnerungen! _____ 145

35. Trennen Sie sich von den Erwartungen anderer! _____ 147

36. Lernen Sie zu vergeben! _____ 149

37. Feiern Sie Abschied von unliebsamen Erinnerungen! _____ 150

38. Seien Sie dankbar! _____ 152

39. Leben Sie Ihre Werte! _____ 154

40. Lassen Sie sich von Glücksimpulsen inspirieren! _____ 161

41. Lächeln Sie in die Welt hinaus! _____ 163

42. Betrachten Sie das Leben mit Humor! _____ 163

43. Entwickeln Sie die Kompetenz, das Gute zu sehen! _____ 166

44. Erwarten Sie Gutes! _____ 166

45. Geben Sie sich selbst die Erlaubnis: Ich darf das! _____ 169

46. Seien Sie authentisch! _____ 171

47. Machen Sie Ihr Herz für Ihre Mitmenschen weit! _____ 173

48. Denken Sie daran: Der Schlüssel zu Ihrem Glück sind Sie! ____ 174

49. Entdecken Sie Ihre sozialen Beziehungen! _____ 177

50. Pflegen Sie Ihre sozialen Beziehungen! _____ 181

51. Sprechen Sie mit Ihrem Partner über Ihre Träume
    und Wünsche! _____ 183

52. Kommunizieren Sie liebevoll und positiv! _____ 184

53. Seien Sie hilfsbereit! _____ 187

54. Seien Sie wertschätzend! _____ 190

55. Vermeiden Sie Vergleiche! Entdecken Sie »anderes«! _____ 192

56. Sehen Sie Hindernisse als Herausforderungen! _____ 195

57. Seien Sie optimistisch! _____ 197

58. Nutzen Sie Ihre Bewältigungsstrategien! _____ 198

59. 96 % sind ausreichend! _____ 201

60. Ermutigen Sie sich und andere! _____ 203

Alle Übungen auf einen Blick

1. Die Bank an der Nordsee _____ 20
2. Der Film meines Lebens _____ 22
3. Glücksmomente erinnern _____ 43
4. Trinken _____ 56
5. Ihre persönliche Glücks-Bringer-Sammlung _____ 64
6. Glücksmomente sammeln _____ 69
7. Nachhaltige Glücklichmacher sammeln _____ 71
8. Selbstverständlich oder besonders wertvoll _____ 73
9. Die Wunderfrage _____ 79
10. Wo möchte ich in 5 Jahren sein? _____ 85
11. Wer bin ich? _____ 96
12. Die Zwei-Minuten-Rede _____ 98
13. Die Reflexion der Lebenstorte _____ 104
14. Sich selbst auf die Schulter klopfen _____ 108
15. Meine Stärken, Kompetenzen und Dinge, die ich an mir mag ___ 109
16. Der Werbespot _____ 110
17. Die ganzheitliche Bestandsaufnahme _____ 112
18. Gute Seiten – schlechte Seiten _____ 113
19. 5 hilfreiche Fragen für meine Bestandsaufnahme _____ 115
20. Ein Schutzmantel für mein Selbst _____ 120
21. Ich möchte mir selbst der beste Freund sein! _____ 122
22. Was macht mich glücklich-glücklich? _____ 124
23. 1x pro Woche _____ 126
24. Träumen zu zweit _____ 130
25. Meine »Tante-Emma« _____ 135
26. Die Zukunftsreise _____ 140
27. Schöne Souvenirs _____ 145
28. Ausgediente Souvenirs _____ 147
29. Der positive Effekt für meinen Alltag _____ 151
30. Eine etwas andere Wert-Schöpfung _____ 156
31. Das Gute sehen – ein besonderer Obstsalat _____ 164
32. Mein Kreis von Menschen _____ 177
33. Wer hat meinen Weg gekreuzt? _____ 185
34. Was ist schon da? _____ 188
35. Wie schön, dass du … _____ 190
36. Profitieren Sie von Ihren Erfahrungen! _____ 198
37. Ich ermutige mich und andere _____ 203
38. Alarmsignale erkennen _____ 205
39. Meine Sofortmaßnahmen _____ 206
40. Glücks-Bingo _____ 209

Literatur

Antonovsky,A.(1997205Salutogenese:ZurEntmy206fizierungderGesundheit. Tübingen (DGVT).

Asendorpf, J. (2005): Psychologie der Persönlichkeit. Heidelberg (Springer).

Auhagen, A. E. (Hrsg.) (2004): Positive Psychologie. Weinheim (Psychologische Verlags Union).

Ben-Shahar, T. (2007): Glücklicher. Lebensfreude, Vergnügen und Sinn finden. München (Riemann).

Csikszentmihalyi, M. (2006): Flow – der Weg zum Glück. Freiburg (Herder).

Damasio, A. (2002): Ich fühle, also bin ich: Die Entschlüsselung des Bewusstseins. Berlin (Ullstein).

DeShazer, S. u. Y. Dolan (2008): Mehr als ein Wunder: Lösungsfokussierte Kurztherapie heute. Heidelberg (Carl-Auer).

Duchenne, G.-B. (1990): The Mechanism of Human Facial Expression [Original work published 1862]. Cambridge (Cambridge University Press).

Ekman, P. (1999). Facial expressions. In: T. Dalgleish a. M. Power (eds.): Handbook of cognition and emotion. New York (Wiley).

Engelmann, B. (2008): Glück …! – Eine Studie im Rahmen der Positiven Psychologie. Universität Bremen (unveröffentl. Diplomarbeit).

Engelmann, B. (2009): Mein Glück und ich. Bremen (Eigenverlag).

Engelmann, B. (2010): Reiseziel Glück – Kartenset mit 60 Glücksimpulsen. Heidelberg (Carl Auer).

Lyubomirsky, S. (2008): Glücklich sein. Frankfurt (Campus).

Lyubomirsky, S., L. King a. E. Diener (2005): The benefits of frequent positive affect: Does happiness lead to success? *Psychological Bulletin* 131: 803–855.

Mayring, P. (2007): Qualitative Inhaltsanalyse: Grundlagen und Techniken. Weinheim (Beltz), 9. Aufl.

Mohl, A. (2006): Der große Zauberlehrling. Paderborn (Junfermann).

Myers, D. G. (2005): Psychologie. Heidelberg (Springer).

Rheinberg, F. (2000): Motivation. Stuttgart (Kohlhammer), 3. Aufl.

Roth, G. (2003): Denken, Fühlen, Handeln. Frankfurt (Suhrkamp), 4. Aufl.

Seligman, M. E. P. (1999): Erlernte Hilflosigkeit. Weinheim (Beltz).

Seligman, M. E. P. (2005): Der Glücks-Faktor. Bergisch-Gladbach (Bastei-Lübbe), 2. Aufl.

Stroebe, W., K. Jonas u. M. Hewstone (Hrsg.) (2003): Sozialpsychologie. Heidelberg (Springer), 4. Aufl.

Watzlawick, P. (2005): Anleitung zum Unglücklichsein. München (Piper).

Zimbardo, P. G. u. R. J. Gerrig (2004): Psychologie. München (Pearson Studium), 16. Aufl.

Über die Autorin

Bea Engelmann, Diplom-Psychologin, Betriebswirtin für Internationale Wirtschaft, Schifffahrtskauffrau, NLP-Master, Systemischer Personal- & Business-Coach, gründete das Institut für Glückspsychologie. Arbeitsschwerpunkte: Positive Psychologie, Arbeits- und Organisationspsychologie sowie Hochbegabung. Sie arbeitet als Coach, Unternehmensberaterin und Trainerin und ist Lehrbeauftragte an der Universität Bremen. Daneben hält sie Vorträge in Unternehmen und Organisationen.

INSTITUT FÜR GLÜCKSPSYCHOLOGIE

**Sie wollen sich auf den Weg zum Glück machen?
Wir begleiten Sie mit ...**

- Coaching
- Unternehmensberatung
- Seminaren
- Vorträgen
- Diagnostik

**... wertschätzend, lösungsorientiert, effektiv,
ressourcenfokussiert, praxisnah und wissen-
schaftlich fundiert.**

INSTITUT FÜR GLÜCKSPSYCHOLOGIE
Dipl.-Psych. Bea Engelmann
Telefon: 04 21- 22 37 95 48
www.institut-fuer-glueckspsychologie.de

Wir freuen uns auf Sie!

Der Schlüssel zu Ihrem Glück sind Sie!